本书受中国博士后科学基金面上项目“中国半城镇化人口分类治理研究”（项目编号：2017M620986）、山西省哲学社会科学规划课题“山西省城镇化对产业结构转型升级的作用机制与效应研究”（项目编号：2019B098）资助

我国产业结构演进与城市化协调发展研究

Study on the Coordinated Development of Industrial Structure Evolution and Urbanization in China

李春生/著

经济管理出版社
ECONOMY & MANAGEMENT PUBLISHING HOUSE

图书在版编目（CIP）数据

我国产业结构演进与城市化协调发展研究/李春生著．—北京：经济管理出版社，2020.6
ISBN 978－7－5096－7161－0

Ⅰ.①我…　Ⅱ.①李…　Ⅲ.①产业结构—关系—城市化—发展—研究—中国　Ⅳ.①F269.24
②F299.21

中国版本图书馆CIP数据核字(2020)第093495号

组稿编辑：李玉敏
责任编辑：张巧梅
责任印制：黄章平
责任校对：董杉珊

出版发行：经济管理出版社
（北京市海淀区北蜂窝8号中雅大厦A座11层　100038）
网　址：www. E－mp. com. cn
电　话：（010）51915602
印　刷：三河市延风印装有限公司
经　销：新华书店
开　本：720mm×1000mm/16
印　张：12.75
字　数：207千字
版　次：2020年7月第1版　　2020年7月第1次印刷
书　号：ISBN 978－7－5096－7161－0
定　价：78.00元

前　言

产业结构演进与城市化发展不仅是伴随着现代经济增长而出现的两个最重要的经济结构转变，而且二者还存在着相互影响、相互作用的关系。一般认为，产业结构演进是城市化发展的动力，而城市化会对产业结构升级产生重要的影响。产业结构演进与城市化的良性互动和协调发展，有利于资源的合理配置和实现经济的持续健康发展；二者关系的不协调则会给经济发展带来严重的困难和问题。改革开放以来，我国的产业结构得到了很大程度的优化和升级，城市化也取得了较快的发展，二者的协调发展度也明显提高。但是，当前我国仍然存在着一些影响产业结构与城市化协调发展的因素和问题，不利于经济的可持续发展。探寻实现产业结构与城市化协调发展的机制与路径，评价二者互动与协调的状态，辨识它们在发展中存在的偏差并加以纠正，无论对促进产业结构优化升级和城市化良性发展，还是对于实现经济的可持续发展，都具有重要的意义。

本书在产业结构理论和城市化理论的基础上，对产业结构与城市化协调发展的内涵进行了较为全面的界定，形成了研究的主要框架。从“良性互动”促进“协调发展”的理念出发，在从理论上提炼归纳出二者互动机理的基础上，对我国产业结构与城市化的互动发展历程和状况进行了分析，对二者的关联性进行了统计与计量分析，对二者的发展水平进行了综合评价，对二者的协调度进行了测算与分析，并从产业结构与城市化互动效应的角度对影响二者协调发展的问题进行了实证研究。在整个研究的基础上，总结了影响我国产业结构与城市化协调发展的主要问题，并提出了针对性的政策建议。

本书通过一系列定性分析和定量研究，得出了以下的主要结论：

（1）产业结构与城市化是经济系统中两个重要的子系统，二者协调发展的内涵可以在经济理论和系统论的基础上来综合界定。产业结构与城市化协调发展的内涵包括以下四个方面：基本条件是二者在一定条件下的良性互动；必要前提是二者各自的有序发展；具体表现是二者在发展速度和发展水平上的匹配得当；实现过程是“协调”与“失调”的动态变化调整。

（2）在市场经济条件下，产业结构与城市化具有内在的互动机制：产业结构通过生产要素流动、产业关联、产业转移等效应促进了城市中企业、人口、产业的集聚，推动了城市规模、水平、结构、功能的完善；城市化通过集聚效应、要素供给效应、需求拉动效应、公共服务效应等对产业结构演进产生重要的影响。三次产业与城市化存在着内在的互动作用：第一、第二、第三产业依次主导产业结构演进，对城市化发展起到重要的推动作用；城市化发展反过来会对三次产业的发展产生重要的影响。

（3）通过对我国产业结构与城市化互动发展历程的归纳和分析，可以概括出改革开放以前我国产业结构与城市化互动发展的特征：二者的互动是低水平的、不稳定的和单向的；改革开放以后我国产业结构与城市化的互动发展表现出水平提高、稳定性增强、互动性明显的特征。之所以存在这样的差异，主要原因在于改革开放前后我国实行了两种不同的经济体制：计划经济体制和市场经济体制。因此，要实现我国产业结构与城市化的良性互动和协调发展，就必须要坚持和完善社会主义市场经济体制。

（4）从以美国、韩国、巴西为代表的欧美国家、东亚新兴国家和拉美国家的产业结构与城市化互动发展历程中，可以得到一些经验和教训：一是产业结构演进对城市化具有决定作用，只有实现产业结构的有序发展，才能为城市化发展奠定坚实的基础；二是在处理产业结构与城市化的互动关系时，要发挥市场机制与政府干预的共同作用；三是在产业结构演进与城市化发展中要重视城乡统筹问题，处理好农业与非农产业，农村与城市之间的关系。

（5）通过对我国产业结构与城市化的“关联性”分析，从静态相关的角度，得出改革开放以前我国产业结构与城市化的关联程度较低；改革开放以后二者的关联性明显增强的结论；从动态互动关系的角度，引入向量自回归模型对我国改革开放以来的产业结构与城市化水平进行了计量分析。研究结果表明，改革开放以来，我国三次产业的发展和产业结构演进促进了城市化发展，城市化发展反过来对三次产业的发展和产业结构升级起到了积极作用。总的来看，改革开放以来我国的产业结构与城市化呈现长期稳定的互动关系。

（6）通过构建产业结构与城市化发展水平的综合评价指标体系，运用主成分分析的方法对1992～2014年我国产业结构与城市化的综合发展水平及分指标体系的发展水平进行了测算和分析。结果表明，我国产业结构综合水平稳步提升，三次产业水平较为均衡地发展。在此期间，城市化整体水平呈现先慢后快的发展特征，符合城市化的一般规律；但是城市化综合水平的四个分指标体系却存在一些不平衡的发展特征，表现在土地城市化超过人口城市化过快发展，经济城市化与土地城市化呈现较强的关联性，社会城市化长期发展滞后等方面。

（7）运用距离协调度模型对我国产业结构与城市化的“协调度”从纵向和横向两个角度进行了测算与分析。从纵向来看，1992～2014年我国产业结构与城市化的协调发展度逐年提高，但二者的协调度从2006年起呈现出下降趋势。主要原因在于，从20世纪90年代末起，我国城市化发展迅速并超过了产业结构的发展速度，带动城市化水平超过了产业结构水平。从横向来看，2014年我国分省市产业结构与城市化的协调发展度不仅表现出明显的省际差异，还呈现出明显的区域差异性：即整体来看协调发展度呈现出东部地区高于中部地区高于西部地区的特点，但也有个别省份存在例外的情况。

（8）运用PLS模型对我国产业结构与城市化的互动效应进行了计量分析。研究结果表明，在产业结构整体上对城市化起正向作用的同时，农业内部结构不合理，工业的科技含量和附加值偏低、资源能源消耗高和对环境的污染性强，第三产业中生产性服务业、信息产业发展滞后等问题影响到城市化的进程。在城市化整体上对产业结构起正向作用的同时，也出现了我国城市化的空间集聚效应下降，城市化对产业结构的作用具有较为明显的投资拉动特征，城市交通状况不佳影响产业结构升级与城市化发展等问题。

（9）近年来，虽然我国产业结构与城市化的协调发展度逐年提高，但是二者的协调度却出现了一定程度的下降，说明我国产业结构与城市化仍然存在着一些问题与不足。在我国产业结构中，农业剩余劳动力多、工业科技含量与附加值低、生产性服务业发展滞后、区域产业结构趋同等问题还较为突出，制约着产业结构与城市化的协调发展。从城市化角度来看，大量农民工的存在造成人口城市化虚高，土地城市化超过人口城市化过快发展，经济城市化与土地城市化高度相关，社会城市化长期滞后等问题影响着城市化水平和产业结构的优化升级。

本书对我国产业结构和城市化等经济结构的调整具有理论与实践上的借鉴意义，并能够提供一些具体的政策建议：一是要构建有利于产业结构与城市化协调发展的机制，包括建立技术自主创新体系、完善生产要素流动机制、健全公共物品供给机制、建立区域协同发展机制、大力发展教育等；二是通过建设农业现代化、发展新型工业化、提高现代服务业水平、优化区域产业结构等措施来促进产业结构优化升级，带动城市化有序发展；三是要推动农民工市民化、促进土地利用集约化、优化经济城市化的发展方向、加强社会城市化建设等，引导城市化健康发展，以支撑产业结构升级。

目　录

第1章 导论

1.1 研究背景及意义

1.1.1 研究背景

现代经济增长不仅表现为经济总量的增加，而且伴随着总量的增加会出现明显的结构变动。张连城（2012）认为，“经济增长的结构性变动主要表现在两个方面：一是伴随着经济增长会出现产业结构升级，二是伴随着经济增长会出现城市化发展”①。产业结构升级是产业结构演进的必然结果，城市化发展则是城乡结构的深层次调整。产业结构演进与城市化发展不仅是现代经济增长的两个最重要的结构转变，而且两者之间具有内在的相互影响和相互作用的关系。产业结构演进到工业化阶段必然会带来城市化发展，促进城市的数量、规模和水平的提高；反过来，城市化又会对产业结构演进产生重要的影响。一般认为，产业结构与城市化的良性互动和协调发展能促进资源的合理配置，有利于国民经济的持续健康发展；反之，二者关系的不协调会给经济发展造成严重的困难和问题。

改革开放以来，中国经济保持了30多年的高速增长，从1978年到2014年的年均GDP增长率高达9.8%；我国经济实力不断提高，GDP总量由1978年的

---

① 张连城．中国经济增长路径与经济周期研究［M］．北京：中国经济出版社，2012.

3645.2 亿元增加到 2014 年的 636138.7 亿元，并于 2010 年超过日本成为了世界第二大经济体。在经济高速增长的基础上，我国的产业结构发生了比较明显的变化，三次产业在 GDP 中所占比重的排序由 1978 ~ 1984 年的“二一三”发展到 1985 ~ 2011 年的“二三一”，再发展到 2012 年以来的“三二一”。整体来看，我国的产业结构演进已经进入了工业化的中后期阶段。与此同时，我国的城市化水平也在不断提高，城市化率由 1978 年的 17.92% 提高到 2014 年的 54.77%，年均增长 1.02%。从国际公认的标准来看，我国已经进入到城市化快速发展阶段。总的来说，改革开放以来，我国不仅取得了经济增长的巨大成就，也在产业结构演进和城市化发展方面取得了明显的进步。

虽然我国的经济发展取得了重大的成就，但是我国经济增长中存在的“大而不强、快而不优”的问题一直没有得到有效解决。究其原因，主要在于经济结构的不合理，特别是受到了产业结构和城市化水平的制约。由于产业结构不合理，一方面，我国的第一产业存在着大量的剩余劳动力需要转移，而第二、第三产业则面临着巨大的就业压力；另一方面，由于缺少核心技术，且自主创新能力较弱，我国制造业长期依靠低成本优势竞争而导致的低科技含量和低附加值的问题没有根本改变，这影响到了中国经济增长的质量。从城市化情况来看，一方面，由于我国庞大的人口数量和典型的二元结构特征，虽然城市化率在较快提升，但是城市化水平总体上比较落后，不利于拉动经济增长和促进产业结构的调整；另一方面，近年来，受到地价和房价快速上涨的影响，我国的土地城市化明显快于人口城市化，在推高了城市化成本的同时也给经济增长带来了风险和挑战。“中国经济增长前沿课题组”（2011）的研究指出，中国经济的高速增长得益于“中国从工业化向城市化转变这一重大发展背景，但是中国经济发展较快地从原先的低价工业化过渡到高价城市化阶段”①，会对未来经济增长的可持续性构成挑战。

在经过多年的高速增长之后，我国的经济发展进入了中高速增长的“新常态”阶段，面临着稳定经济增长与调整经济结构的重要任务。产业结构与城市化的协调发展对于“稳增长”和“调结构”具有重要作用。产业结构调整是经济结构调整的核心，对于推动城市化发展，带动经济结构转变具有重要的作用。城

① 中国经济增长前沿课题组．城市化、财政扩张与经济增长［J］．经济研究，2011，11：4－20.

市化是城乡之间经济与社会结构的深层次调整，它不仅是产业结构演进和升级的空间载体，也是一个国家或地区工业化中后期阶段经济增长的重要动力。诺贝尔经济学奖得主斯蒂格利茨曾将美国的高科技和中国的城市化看作推动世界经济增长的两大动力。我国政府一向重视产业结构调整和城市化发展。十六大报告提出，要“走新型工业化道路”和“加快城镇化进程”。十七大报告提出，要“推进产业结构优化升级”和“走中国特色城镇化道路”。十八大报告将城镇化提高到国家发展战略的高度，并提出“要走中国特色的信息化、农业现代化、工业化、城镇化道路”，推动“四化同步”发展，实质上就是在世界经济出现信息化、服务化的趋势下，在我国工业化进入中后期阶段的重大历史时期，在更高的水平上促进产业结构与城市化的协调发展。

从发达国家的经济发展历程来看，它们的产业结构与城市化比较顺利地实现了良性互动、协调发展，有力地促进了经济的持续健康发展。对于广大的发展中国家而言，由于受到多种因素和条件的制约，其产业结构演进与城市化的互动关系往往存在着一些不协调的因素和问题。例如，拉美国家由于在没有充分工业化的基础上过快地发展第三产业，带来了过度城市化的不良结果。吸取发达国家的成功经验和避免一些发展中国家的教训，对于我国产业结构与城市化的协调发展具有重要意义。

我国产业结构演进与城市化发展的背景，远比世界其他国家所面临的情况和问题更加复杂和艰难。首先，中国是世界上人口最多的国家，存在明显的二元结构特征，伴随着产业结构演进与城市化发展的是数以亿计的农村剩余劳动力的城乡间转移和跨地区流动，给经济和社会发展带来了前所未有的机遇和挑战。其次，我国正处在经济社会的转型时期，从计划经济到市场经济的转变尚未彻底完成，影响产业结构演进与城市化协调发展的政策和制度因素尚不完善。最后，我国地域辽阔而又发展不平衡，不同地区产业结构与城市化的发展速度和水平存在着较大的差异。

在特殊背景下，正确认识并处理好产业结构演进与城市化的互动关系，就有望实现二者的良性互动和协调发展，为经济的持续健康发展和社会的稳定打下坚实的基础；反之，如果不能正确认识和处理产业结构与城市化的互动关系，就可能使经济和社会的发展出现困难和问题。因此，研究产业结构演进与城市化的协调发展具有重要的意义。

1.1.2 研究意义

长期以来，主流经济学对于经济增长的研究是建立在一般均衡的分析框架下的，对于经济增长中的结构变动关注不够。发展经济学由于把研究视野集中于发展中国家的发展问题上，注意并发现了这些国家的经济中普遍存在着不均衡状态，因而更注重从结构变动的视角来研究经济增长问题。发展经济学的结构转型理论对于工业化与城市化的关系进行了较多的研究，形成了较为丰富的理论成果。但是，相对而言，由于西方发达国家在经济实践中较自然地实现了产业结构与城市化的良性互动和协调发展，因此国外的研究更多的是从二者关系的角度和较为微观的层面展开的，对于“协调”问题较少涉及。中国作为世界上最大的发展中国家，经济结构中的不均衡状态更为突出，政府在经济发展中更加关注经济的协调发展。因此，产业结构与城市化的“协调发展”是一个带有中国特色的研究问题，有关的研究相对较少。有一些问题需要进行探索：如何界定产业结构与城市化的“协调发展”，如何区分“互动”与“协调”的关系，如何评价二者的协调发展，怎样促进二者的协调发展，等等。本书对这些问题进行了探索与分析，也得到了一些结论和认识。

概括来说，本书具有以下几个方面的理论意义和现实意义。

1.1.2.1 理论意义

第一，对产业结构与城市化协调发展的内涵进行了较为全面的界定，构建了一个研究二者协调发展的分析框架。尽管产业结构与城市化相互关系的研究较多，但是关于二者协调发展的研究相对较少，对二者协调发展的内涵缺少比较全面的界定。本书在经济理论和系统论的基础上，概括出产业结构和城市化协调发展的四层内涵：产业结构与城市化协调发展的基本条件是二者在一定条件下的良性互动；必要前提是二者各自的有序发展；具体表现是二者在发展速度和发展水平上的匹配得当；实现过程是“协调”与“失调”的动态变化调整。在此基础上，本书构建了一个较为全面的产业结构与城市化“协调发展”的分析框架，并在这一框架的基础上开展了对我国产业结构和城市化协调发展的研究，并得出了一些具体的结论和启示。

第二，在分析产业结构与城市化“互动”与“协调”的关系上进行了一定的尝试。产业结构与城市化协调与否取决于二者的互动状况，良性互动能带来协调发展，不良互动会造成失调状况。因此，“互动机制”与“良性互动机制”存在着具体条件上的差别。已有的一些研究在机制分析中没有严格区分“互动”与“良性互动”，实际上是按照发达国家二者良性互动的模式来进行理论分析。实际上，尽管市场经济条件下产业结构与城市化的互动机制大体相同，但是不同国家的实际情况和条件存在着较大的差异，二者的互动机制在不同条件下存在着“良性互动”和“不良互动”两种不同的可能性。本书在产业结构理论和城市化理论的基础上，构建了较为完整的产业结构与城市化的互动机制，并在具体分析其作用机制时，针对有些研究不严格区分“互动”与“良性互动”的问题，分析了由“互动”到“良性互动”与“不良互动”的条件与可能性，有利于更好地认识和把握产业结构与城市化的相互关系。

1.1.2.2 现实意义

第一，进行产业结构演进与城市化协调发展的研究，有利于更好地促进我国产业结构的优化升级。产业结构演进的理想目标是实现产业结构的优化升级，其基础和前提是要实现生产要素和资源在不同产业间的合理流动和优化配置，这一过程必须以城市化的有序发展作为空间载体。如果城市化发展不适应产业结构演进的要求，就会影响到产业结构的优化升级。本书通过定性分析和定量研究，找到了当前影响我国产业结构优化升级的城市化层面的原因：如我国土地城市化超过人口城市化快速发展，导致城市空间集聚效应下降；经济城市化与土地城市化高度相关，引起经济风险加大；社会城市化长期滞后，制约了消费结构升级与生产要素质量的改善等问题，并提出了有针对性的政策建议。只有有效处理这些问题，才能在实现城市化健康发展的基础上，更好地促进我国产业结构的优化升级。

第二，进行产业结构演进与城市化协调发展的研究，有利于更好地促进我国城市化的健康发展。城市化本质上是第二、第三产业在城市的集聚发展和人口由农村向城市迁移的过程。产业结构演进是城市化发展的根本动力。我国城市化中存在的很多问题都与产业结构不合理存在着密切的关系。本书通过定性分析与定量研究，发现了当前影响我国城市化发展的产业结构层面的问题，如农业存在过多的剩余劳动力给城市的就业及发展造成了巨大的压力，工业生产的粗放经营模型导致城市资源、环境问题突出，第三产业相对滞后不利于城市化质量提高等问题，并提出了针对性的政策建议。只有有效解决这些问题，才能在推动产业结构升级的基础上，更好地促进我国城市化的健康发展。

第三，进行产业结构演进与城市化协调发展的研究，有利于促进我国经济的持续健康发展。产业结构演进与城市化协调发展的实质，是实现生产要素和资源在产业之间和城乡之间的合理流动和有效配置，处理好二者的关系，有利于我国经济的持续健康发展。我国经济发展的很多问题都可以从产业结构和城市化协调发展的视角来审视和考察。例如，长期以来，内需不足一直是制约我国经济持续发展的难题，扩大内需也一直是我国经济工作的重要任务。这一难题只有通过产业结构演进与城市化的良性互动和协调发展，才能得到有效的解决。一方面，产业结构的演进和升级会促进农业现代化的发展，提高农民的收入和消费水平；另一方面，城市化发展会通过将农民转变为市民而提高其收入水平，并改变其消费习惯，从而对扩大消费需求产生明显的拉动作用。因此，实现产业结构演进与城市化协调发展，有利于促进我国经济的持续健康发展。

1.2 研究内容与方法

1.2.1 研究内容

本书在产业结构理论和城市化理论的基础上，从“协调发展”的概念出发，对产业结构与城市化协调发展的内涵进行了较为全面的界定，形成了本书研究的主要框架。在从理论上提炼归纳出二者互动机理的基础上，本书对我国产业结构与城市化的互动发展历程和状况进行了分析，对二者的关联性进行了统计与计量分析，对我国产业结构与城市化的发展水平进行了综合评价，对二者的协调度也进行了测算，并对二者的互动效应进行了实证分析。在整个研究的基础上，归纳总结了影响我国产业结构与城市化协调发展的主要问题，并提出了针对性的政策建议。

具体来说，本书的章节结构及具体内容安排如下：

第1章是导论。第1节首先阐述了本书的选题背景，根据研究的主要内容和结果分析了研究的理论意义和现实意义；第2节概述了本书的研究内容、研究思路和研究方法；第3节在与以往研究对比的基础上提炼出本书的主要创新点。

第2章是理论基础和文献综述。第1节是基本概念的界定，首先在明确产业和产业结构概念的基础上，对“演进”“演化”“优化”的概念进行比较，界定了产业结构演进的内涵；接着在城市含义的基础上界定了城市化的概念，并与城镇化的概念进行了比较；第2节是研究的理论基础，由于本书研究产业结构与城市化的协调发展问题，因此从产业结构理论、城市化理论和协调发展理论三个层面对已有的理论进行了回顾和梳理；第3节是文献综述部分，在对国内外相关文献进行梳理和分析的基础上，对已有研究进行总结和评述。针对已有研究的不足之处，确定了本书研究的逻辑起点和基本思路；第4节在经济理论和系统论的基础上，较为全面地界定了产业结构与城市化协调发展的内涵，形成了二者“协调发展”的分析框架。

第3章是产业结构演进与城市化互动发展的影响因素与实现机理。第1节对产业结构演进与城市化互动发展的影响因素进行简要的总结和分析；第2节在产业结构演进和城市化理论的基础上，对产业结构演进与城市化的互动机制进行了提炼和归纳；第3节从三次产业的角度分析了产业结构演进与城市化的互动作用。

第4章是我国产业结构与城市化互动发展历程及国际借鉴。在第1节和第2节，分改革开放前后两个阶段对我国产业结构演进与城市化互动发展的历程进行回顾，并总结分析了不同阶段的发展特征及其原因；第3节，分别选取美国、韩国、巴西作为发达国家、新兴国家和发展中国家的代表，对这些国家的产业结构演进与城市化的发展历程进行梳理和分析，总结其中的经验和教训。

第5章是我国产业结构与城市化关联性分析。第1节，运用相关系数法对改革开放前后两个阶段我国产业结构与城市化的发展状况进行相关分析；第2节，运用向量自回归模型对我国改革开放以来的产业结构与城市化的互动关系进行实证分析。

第 6 章是我国产业结构与城市化发展水平综合评价。第 1 节，首先对综合评价指标体系的建构原则和研究方法进行简要介绍；第 2 节，构建了较为全面的反映农业现代化、新型工业化、服务业现代化的产业结构综合评价指标体系，并运用主成分分析的方法对我国产业结构的发展水平进行了综合评价与分析；第 3 节，从人口城市化、土地城市化、经济城市化和社会城市化四个维度构建了反映我国城市化水平的综合评价指标体系，并运用主成分分析的方法，对我国城市化的发展水平进行了综合评价与分析。

第 7 章是我国产业结构与城市化协调度分析。第 1 节，运用距离协调度模型，根据 1992 ~2014 年我国产业结构与城市化综合评价指标体系的相关数据，对二者的协调度进行了测算和分析；第 2 节，运用距离协调度模型对 2014 年我国各省份产业结构与城市化的协调度进行了测算和分析；第 3 节，运用 PLS 模型对我国产业结构与城市化的互动效应进行实证分析，并从中提取和归纳影响二者协调发展的现实问题。

第 8 章是影响我国产业结构与城市化协调发展的主要问题及政策建议。第 1 节，在前面几章研究的基础上，对影响我国产业结构与城市化协调发展的主要问题进行总结与分析；第 2 节，针对我国产业结构演进与城市化发展中存在的问题提出了不同层面的政策建议。

第 9 章是结论与展望。本章对全书研究内容进行归纳和总结，提炼出本书的主要结论；立足整体分析了研究的困难与不足；并对后续研究的方向提出展望和建议。

1.2.2 研究思路

本书坚持理论联系实际的原则，根据“提出问题—分析问题—解决问题”的思路展开。首先是“提出问题”，主要体现在前两章。第 1 章是导论，主要说明了本书研究的背景、意义，研究的内容、思路和方法，以及研究的创新点。这一章回答了本书研究什么问题、为什么要研究这一问题、怎样开展研究以及研究有何创新之处等几个整体性的问题。第 2 章是本书研究的基础部分，对本书涉及的基本概念进行界定，对相关理论进行梳理，对已有的国内外研究进行述评，在此基础上全面界定产业结构与城市化协调发展的内涵，构建本书研究的分析框架。接着，文章进入“分析问题”部分，从第3章到第7章逐层展开。第3章从理论层面对产业结构与城市化互动发展的影响因素和实现机理进行分析。第4章从我国产业结构与城市化互动发展的历程和代表性国家二者互动发展的经验教训角度进行历程分析和比较分析，从实践中寻找二者关系的规律性。第5~7章运用统计和计量方法对我国产业结构与城市化的有关变量和指标进行实证分析：第5章从静态与动态两个角度对我国产业结构与城市化的互动关系进行关联性分析；第6章在构建我国产业结构与城市化评价指标体系的基础上对二者的发展水平进行综合评价与分析；第7章从全国与分省市两个层面对我国产业结构与城市化的协调度进行测算与分析，并对产业结构与城市化的互动效应进行实证分析。第8章是“解决问题”部分，在前面几章研究的基础上，总结归纳影响我国产业结构与城市化协调发展的主要问题，并提出有针对性的政策建议。

全书的研究技术路线如图1-1所示：

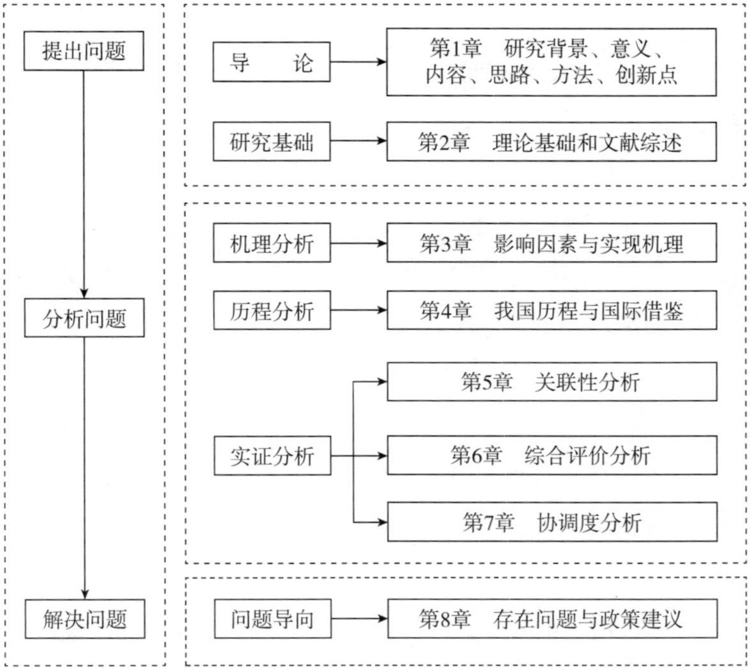

图1-1 研究技术路线

1.2.3 研究方法

本书坚持规范研究与实证研究相结合的原则，并综合运用了文献研究、比较分析、历史分析、统计分析、计量分析等研究方法。

1.2.3.1 文献研究方法

文献研究方法是对已有研究文献进行收集、整理和综述，以厘清研究脉络，发现已有研究不足，提出新的研究问题的研究方法。本书收集研读了国内外大量相关文献，在把握已有文献核心观点的前提下，以产业结构与城市化的互动关系和协调度评价为核心，在对文献进行归纳、总结、提炼的基础上，形成了本书研究的内容、思路和框架。在已有相关理论研究的基础上，提炼出产业结构与城市化互动发展的影响因素和实现机理。

1.2.3.2 比较分析方法

比较分析法是对两个或两个以上相同或相似的现象进行对比，以明确其差异及分析其特点的研究方法。在比较分析中，比较是分析的基础，分析是比较的深入。本书通过纵向比较我国不同时期和阶段产业结构和城市化的演变情况，把握二者互动发展的整体线索和阶段特征；通过横向比较代表性国家产业结构与城市化的互动发展情况，总结和分析其成功的经验和失败的教训，为实现我国产业结构与城市化的协调发展提供国际经验借鉴。

1.2.3.3 历史分析方法

历史分析方法是对某一经济现象产生和发展的历史进行考察和分析的研究方法。进行历史分析是为了搞清楚一个经济现象的产生背景与原因，进而做出评价，以明确其中的经验和教训。本书运用历史分析法分析了我国不同时期和阶段的产业结构演进与城市化的互动情况，以深刻把握其中的特征与规律。

1.2.3.4 统计分析方法

统计分析方法是运用统计学的理论和方法对相关变量的统计数据进行分析和处理的方法。本书运用描述性统计方法来分析我国产业结构演进与城市化的互动发展状况；运用皮尔逊相关系数法来测算我国产业结构与城市化的关联度；运用主成分分析法来评价和分析我国产业结构与城市化的综合发展水平。

1.2.3.5 计量分析方法

计量分析方法是运用计量经济学的模型和方法对经济数据的关系进行分析的方法。本书运用向量自回归模型来实证分析我国产业结构演进与城市化发展的互动关系；运用距离协调度模型来研究和分析我国产业结构和城市化协调度，以此对二者之间的协调状态进行分析和评价；运用PLS模型对我国产业结构与城市化的互动效应进行分析，以发现影响二者协调发展的现实问题。

1.3 主要创新点

国内外关于产业结构与城市化关系的研究历史较长，成果较为丰富。但是，由于西方发达国家在经济实践中较自然地实现了产业结构与城市化的良性互动和协调发展，因此国外的研究更多的是从较为微观的层面进行原创性的理论研究，对于“协调”问题较少涉及。我国作为世界上最大的发展中国家，经济结构中存在着一些比较明显的不平衡问题，政府更加重视经济的协调发展，因此产业结构与城市化的“协调发展”是带有中国特色的研究命题，目前相关的研究数量较少。在已有研究的基础上，本书从以下几个方面进行了一定的探索和尝试。

（1）对产业结构与城市化协调发展的内涵做了较为全面的界定。尽管产业结构与城市化的关系研究较多，但是关于二者协调发展的研究相对较少，对产业结构与城市化协调发展的内涵缺乏比较全面的界定。在经济理论和系统论的基础上，本书概括出二者协调发展的四层内涵：产业结构与城市化协调发展的基本条件是二者在一定条件下的良性互动；必要前提是二者各自的有序发展；具体表现是二者在发展速度和发展水平上匹配得当；实现过程是“协调”与“失调”的动态变化调整。在此基础上，构建了一个较为全面的“协调发展”的分析框架，并在这一框架的基础上开展对我国产业结构与城市化协调发展的研究。

（2）在产业结构理论和城市化理论的基础上，深入研究产业结构与城市化的联系路径与作用机理，构建了较为全面的产业结构与城市化的互动机制，并在具体分析其作用机制时，针对有些研究不严格区分“互动”与“良性互动”的问题，明确了“互动机制”在一定条件下发生“良性互动”与“不良互动”的条件与可能性。

（3）在产业结构与城市化协调度的评价方面，建立了较为全面地反映产业结构与城市化发展水平的综合评价指标体系，运用熵值法和距离协调度模型从纵向和横向两个角度，对我国及分省市产业结构与城市化的协调度进行了测算和分析，得出了全国的协调发展度稳步提高、分省市的协调发展度存在明显区域差异的结论，同时也发现了无论是在全国还是在分省市都存在着产业结构水平与城市化水平的偏差问题。

（4）产业结构与城市化是经济系统中两个较为复杂的子系统。对于系统之间的互动关系，通常采用主成分回归的方法进行，但是一方面主成分回归分析的计算过程较为复杂，另一方面运用这一方法需要满足较为严格的前提条件。因此，两个系统之间的互动关系研究存在着方法上的困难。PLS 模型是集多元线性回归分析、典型相关分析和主成分分析的基本功能于一体的新型多元统计方法，没有严格的条件要求，计算过程比较简单，具有广泛的应用价值。针对产业结构与城市化互动关系中的实证研究困难，本书将 PLS 模型（偏最小二乘回归）引入到产业结构与城市化的协调发展研究中，定量分析我国产业结构与城市化的动态效应，既从整体上评价和把握二者的互动作用，也得出了二者互动发展中存在的几个突出问题，并提出了相应的政策建议。

第2章　理论基础和文献综述

本章是本书研究的基础部分。第1节首先对产业结构演进和城市化两个基本概念进行了界定；第2节是研究的理论基础，由于本书研究产业结构演进与城市化的协调发展问题，因此从产业结构演进理论、城市化理论和协调发展理论三个层面对已有的理论进行了总结；第3节是文献综述部分，在对国内外关于产业结构与城市化相互关系的研究进行梳理和回顾的基础上，对已有研究进行了评述，形成了本书研究的逻辑起点和基本思路；第4节在经济理论和系统论的基础上，对产业结构演进与城市化协调发展的内涵进行了较为全面的界定，在此基础上构建了产业结构演进与城市化协调发展的分析框架。

2.1　基本概念

2.1.1　产业结构与产业结构演进

2.1.1.1　产业及其分类

产业作为一种社会经济现象，是生产力发展和社会分工的产物。随着生产力的发展和社会分工程度的提高，产业的内涵和外延也在不断变化和扩展。在工业革命以前，产业主要是指农业。在工业革命后，因为工业在国民经济中处于主导地位，所以产业主要是指工业，产业的英文表达“industry”即与工业是同一词汇。随着第三产业的迅速发展，新兴行业不断出现，产业的范围进一步扩展。尽管产业的范围很广，但是同一产业的经济活动往往具有这样或那样的相同的属性。因此，可以将产业定义为“具有同类属性的企业经济活动的集合”①。

根据不同的分类标准，可以将产业划分为不同的类型。国内外常用的分类方法有三次产业分类法、两大部类分类法、农轻重产业分类法、生产要素分类法、国家标准分类法、国际标准分类法等（见表2－1）。

表2－1　常用产业分类方法概况

分类方法	分类依据	具体划分
三次产业分类法	经济与自然界的关系	第一产业、第二产业、第三产业
两大部类分类法	产业在社会再生产中的作用	生产资料部门、消费资料部门
农轻重产业分类法	对物质生产部门进行划分	农业、轻工业、重工业
生产要素分类法	产业对不同生产要素的依赖程度	劳动密集型产业、资本密集型产业、技术密集型产业
国家标准分类法	一国政府的规定	各国有不同的规定
国际标准分类法	联合国的规定	大、中、小、细四个层次

资料来源：苏东水．产业经济学［M］．北京：高等教育出版社，2015.

在产业结构的不同分类方法中，受到国际社会广泛认可和应用的是三次产业分类法。我国最新的《国民经济行业分类与代码（2011）》虽然将国民经济具体划分为20个具体门类，但仍然将它们归入三次产业。因此，基于使用范围的广泛性和数据来源的可得性，本书主要以三次产业分类法为基础来开展研究，在一些具体的场合也适当使用其他分类方法。

2.1.1.2　产业结构的含义

结构一词常指事物不同部分的地位及相互关系。从结构的概念出发，产业结构实际上就是“产业间的相互联系和联系方式”②。由于国民经济从广义上可以分为三大产业，从狭义上可以细分为多个具体的行业，因此产业结构有狭义和广

① 苏东水．产业经济学［M］．北京：高等教育出版社，2015.
② 芮明杰．产业经济学［M］．上海：上海财经大学出版社，2012.

义之分。从广义的产业概念出发，产业结构主要表现为三次产业之间的关系。从狭义的产业概念出发，产业结构还可以表现为三次产业内部的不同产业之间的联系。由于本书从产业结构演变与城市化的关联互动中来考察产业结构的演进，因此主要使用三次产业之间的产业结构，在一些具体的场合也使用三次产业内部的产业结构来进行分析。

2.1.1.3 产业结构演进的含义

由于国民经济的不同产业总是处于变化和发展之中，因此产业结构状况也会不断发生变化。对于产业结构的变化，通常使用“演变”“演进”“优化”等不同的术语来描述。要准确地分析和研究产业结构的变化情况，就必须厘清这几个概念的区别和联系。

从词义来看，演变是历时较长的发展变化，演进则是演变进化的简称。因此，作为演变与进化的合称，演进比演变的内涵更为丰富，它既包括了演变过程中可能出现的积极或消极变化的可能性，也包括了事物“进化”而内在包含的“由简单到复杂，由低级到高级逐渐变化”（《现代汉语词典》）的趋势性。本书主要研究新中国成立以后尤其是改革开放以来的产业结构和城市化的变动状况，重在探寻其中的内在规律，因此，使用“演进”而不用“演变”更为准确一些。

优化是采取一定措施使事物变得优异的意思（《现代汉语词典》），因此优化更多的是与调整联系在一起的，表明人类在事物发展中的作用。在具备良好条件的情况下，事物的演进过程会呈现进化趋势，能够带来优化的结果；反之，在条件不佳的情况下，可能出现倒退和下降。因此，优化是演进的一种理想状态，可以用产业结构优化作为衡量产业结构演进水平的重要标准。但是，产业结构和城市化的变动都是一个动态过程，使用“演进”而不用“优化”来考察变动过程更为合理一些。

综上所述，产业结构演进就是产业结构在各种影响因素的综合作用下而发生的动态的演变进化过程。它是数量与质量的统一，也是趋势性和阶段性的统一。从数量来看，它表现为国民经济的不同产业之间的数量比例的变动；从质量上来说，在经济增长的前提下，产业结构的演进通常表现为产业结构水平逐步实现由低级向高级的发展。从趋势性来看，在经济持续增长的前提下，一个国家或地区的产业结构演进通常会表现出由低级到高级、由简单到复杂的进化趋势，即实现产业结构的优化升级；从阶段性来看，在各种因素的综合作用下，一个国家或地区的产业结构在不同的阶段可能呈现出不同的发展速度和发展态势，在某一特定时期和条件下甚至可能出现失衡和不协调的状态。

2.1.2 城市与城市化

2.1.2.1 城市的含义

要准确理解城市化的内涵，先得从城市的含义说起。

早期的城市是“城”与“市”的有机统一。“‘城’是一定区域内用作防卫而围起来的城垣，‘市’是进行商品交易的场所”①。可见，早期的城市主要是作为区域内的政治、军事、商业中心而存在的。

随着经济的发展，城市的数量逐渐增多，功能更加丰富，类型也趋于多样。但是人们对城市的认识并不一致，城市的定义往往因为角度、目的的差异而有所不同。美国经济学家奥沙利文（Jim O’Sullivan）认为，城市是“在相对较小的面积里居住了大量人口的地理区域”②，这个概念强调了人口的密集性。《现代汉语词典》（1996）认为，“城市是人口集中、工商业发达、居民以非农业人口为主的地区，通常是周围地区的政治、经济、文化中心”，这个概念相对比较全面，但将城市产业界定为“工商业”的说法不够准确、全面。英国经济学家巴顿认为，城市是“一个坐落在有限空间地区内的各种经济市场相互交织在一起的并与域外相互联系的网状系统”③，这个概念强调了城市构成要素及其空间结构。

综合已有的研究成果，可以将城市界定为，城市是非农产业及非农业人口按照一定的空间结构集中起来的区域，是一定地域内的政治、经济和文化中心。

① 谢文蕙，邓卫．城市经济学（第二版）［M］．北京：清华大学出版社，2008.
② 奥沙利文．城市经济学（第6版）［M］．北京：北京大学出版社，2008.
③ K. J. 巴顿．城市经济学：理论与政策［M］．北京：商务印书馆，1984.

2.1.2.2 城市化的含义

“化”一词在中文中通常强调事物演变、发展的过程。尽管城市的历史悠久，但是城市化却意味着城市在一个国家或地区的经济和社会发展中逐渐占据主导地位。一般认为，城市化是伴随着工业化的进程而产生和发展的。由于城市化是人口学、社会学、经济学等多个学科共同研究的对象，不同学科站在不同的研究角度，对城市化的定义提出了不同的看法。人口学侧重关注和研究城市化进程中城乡人口的转移和人口的结构变动；社会学更关注城市化进程中社会组织和社会结构的变迁；经济学更侧重于研究城市与乡村之间经济结构的转化过程和人口的生产、生活状况。

实际上，城市化是人类社会的一个重大的结构转变过程，因此从综合的视角来把握城市化的含义才更为全面和准确。根据城市的含义，从经济学的角度出发，可以将城市化界定为，随着经济的发展，非农产业向城市集聚，农村的劳动力和人口向城市集中，带来城市的数量、规模、结构和功能不断变化，引起人类的生产方式、生活方式发生重大变化的过程。

2.1.2.3 城市化与城镇化

“城市化”一词译自英文单词“Urbanization”，由于英文的“Urban”既有“城（City）”也有“镇（Town）”的意思，因此城市化在中国也被译为“城镇化”。关于城市化与城镇化是否相同，我国学术界存在着较大的争论。严格来说，城市化与城镇化存在着一定的差别：一是二者依托的主体不同，“城市化”侧重于依托“城市”来发展，“城镇化”强调依托于“城镇”来发展。与城市相比，城镇一般规模较小，功能也没有城市完善；二是使用范围不同，城市化是世界通用的提法，城镇化则体现了我国一段时期内限制大中城市发展的政策，体现了中国特色的城市化道路。

然而，从本质上来看，城市化与城镇化并没有根本的区别。首先，城市和城镇都是作为与农村对立的概念而存在的，无论是城市化还是城镇化都强调人口结构中农业人口为主导转变为非农人口为主导，经济发展由农业为主转化为以非农产业为主。其次，由于人口众多的国情，我国有的“城镇”在规模上可能相当于其他国家的一个城市。因此，严格地区分城市和城镇并不利于实践工作和国际比较。再次，虽然在中央文件中经常使用的是“城镇化”的提法，但是从国务院提出“除超大城市和特大城市外，其他城市不得设置落户限制”① 的要求来看，国家在政策上对于“城镇化”和“城市化”并没有进行严格的区分。因此，本书只是在本节从概念上对“城市化”与“城镇化”进行比较，在具体使用时则是在“城市化”等同于“城镇化”的基础上来使用“城市化”术语的。

2.2 理论基础

2.2.1 产业结构演进相关理论

产业结构的变动总是与经济增长密切联系在一起。许多经济学家在研究经济增长的问题中，发现并研究了产业结构的变动问题，取得了比较丰富的成果。其中，具有代表性的理论有以下几个。

2.2.1.1 配第—克拉克定理

英国经济学家威廉·配第（William Petty）最早注意到经济增长中的产业结构变动。他在《政治算术》中指出，“制造业的收益与农业多，而商业的收益又比制造业多”②。在配第研究的基础上，依据费希尔（Fisher）提出的三次产业分类法，英国经济学家科林·克拉克（Colin Clark，1940）提出了配第—克拉克定理，即随着人均 GNP 的增长，劳动力会发生由第一产业到第二产业再到第三产业的转移，带来国民经济中第一产业就业人员所占比重不断下降，第二、第三产业就业人员所占比重逐渐上升。克拉克认为，劳动力在不同产业之间进行转移，

① 国务院关于深入推进新型城镇化建设的若干意见［EB/OL］. 新浪网，http：//shanxi. house. sina. com. cn/news/2016－02－15/21276104626840163636951. shtml.

② 威廉·配第. 政治算术［M］. 北京：商务印书馆，1978.

是由经济发展中各产业之间存在的收入差异造成的，而这正是对配第观点的印证。因此，学术界将他们的观点合称为配第—克拉克定理。

配第—克拉克定理首次将劳动力比重作为分析产业结构的指标，实质上阐明了劳动力结构在产业结构变动中的分布演变规律。

2.2.1.2 库兹涅茨法则

在克拉克等人研究的基础上，美国经济学家库兹涅茨（S. Kuznets）在对许多国家的国民收入资料进行统计分析的基础上，提出了比较劳动生产率的概念，并运用这一概念对产业结构演进的规律做了进一步的探讨。

比较劳动生产率的计算公式为：

$$\frac{P_i}{P} = \frac{Y_i/Y}{L_i/L} \qquad (2-1)$$

式中，Y 表示产值，L 表示就业，i 表示第 i 产业；P_i/P 即为第 i 产业的比较劳动生产率，Y_i/Y 代表第 i 产业的产值比重，L_i/L 代表第 i 产业的就业比重。比较劳动生产率实际上就是用第 i 产业的产值比重除以就业比重来衡量不同产业生产的效率。

库兹涅茨从各产业在国民生产总值中的比重变化角度研究了伴随着人均国民生产总值变化而发生的产业结构变化。他指出，随着一国经济的持续增长，第一产业产值的相对比重和劳动力的相对比重会逐渐下降，其在国民经济中的地位也会逐渐下降；第二产业在产业结构中会逐渐占据主导地位，其产值的相对比重上升较快，而劳动力的相对比重不变或略有上升，即比较劳动生产率可以呈现持续快速上升的趋势；第三产业会逐渐成为产业结构中规模最大的一个产业，它将成为劳动力就业的主要产业，但其吸纳劳动力的能力要高于创造产值的能力。

通过表 2－2 和表 2－3 可以看出，人均 GDP 在 70 美元时，农业部门在产值结构和就业结构中均占有主导地位。随着人均 GDP 水平的提高，农业在产值结构和就业结构中的比重都在下降；工业部门在产值结构中的比重和就业结构中的比重都在迅速提高，但其产值结构比重始终高于就业结构比重；服务部门在产值结构中的比重和就业结构中的比重都在快速提高，但其就业结构比重始终高于产值结构比重。

表 2-2 库兹涅茨产值标准结构 单位:%

部门	人均 GDP 基准水平（1958 年美元）				
	70	150	300	500	1000
农业部门	48.4	36.8	26.4	18.7	11.7
工业部门	20.6	26.3	33.0	40.9	48.4
服务部门	31.0	36.9	40.6	40.4	39.9

资料来源：西蒙·库兹涅茨．各国经济增长——总产值结构和生产结构［M］．北京：商务印书馆，1999.

表 2-3 库兹涅茨劳动力标准结构 单位:%

部门	人均 GDP 基准水平（1958 年美元）				
	70	150	300	500	1000
农业部门	80.3	63.7	46.0	31.4	17.7
工业部门	9.2	17.0	26.9	36.2	45.3
服务部门	10.5	19.3	27.1	32.4	37.0

资料来源：西蒙·库兹涅茨．各国经济增长——总产值结构和生产结构［M］．北京：商务印书馆，1999.

库兹涅茨将三次产业的产值比重引入到产业结构的研究中，通过三次产业的产值结构与劳动力结构的两方面比值来研究产业结构的变动，拓展了产业结构的研究领域，深化了对产业结构演进规律的认识。

2.2.1.3 霍夫曼定理

在现代经济增长过程中，一个经济体三次产业的结构变动总是同其工业化进程联系在一起的。德国经济学家霍夫曼（W. G. Hoffmann）对工业化尤其是重工业化问题进行了开创性研究，他将消费资料工业增加值同资本资料工业增加值的比值称为霍夫曼比例，并根据这一比例，将工业化发展的过程划分为四个阶段（见表 2-4），并提出了工业化进程将由轻工业为主导逐渐演化为由重工业为主导的规律。

表2-4 霍夫曼的工业化阶段划分

工业发展阶段	霍夫曼比例	产业结构特征
1	5（±1.0）	消费资料工业占主要地位
2	2.5（±1.0）	资本资料工业快于消费资料工业
3	1（±0.5）	两大部门基本持平
4	1以下	资本资料工业占主要地位

资料来源：芮明杰．产业经济学［M］．上海：上海财经大学出版社，2012.

霍夫曼定理揭示了工业化进程中制造业内部结构的变化规律，但是霍夫曼将工业只划分为消费资料工业和资本资料工业两种类型的方法不够完善，只从工业内部比例来分析工业化的阶段划分也存在着较大的片面性。

2.2.1.4 钱纳里的“标准结构”理论

在克拉克和库兹涅茨研究的基础上，钱纳里（Chenery）、艾金通（Elkington）、西姆斯（Sims）对多个国家的统计资料进行了深入分析，于1971年提出了多国产业结构的标准形式。通过表2-5和表2-6可以看出，钱纳里等人的“标准形式”仍然采用产值结构和就业结构来衡量产业结构，只是他们的产业结构标准比库兹涅茨的标准划分得更加细致，能够更加全面地反映产业结构的演进情况。

表2-5 钱纳里、艾金通、西姆斯产值标准结构 单位:%

产业	人均国民生产总值的基准水平（1964年美元）							
	100	200	300	400	600	1000	2000	3000
第一产业	46.3	36.0	30.4	26.7	21.8	18.6	16.3	9.8
第二产业	13.5	19.6	23.1	25.5	29.0	31.4	33.2	38.9
第三产业	40.1	44.4	46.5	47.8	49.2	50.0	49.5	48.7

资料来源：Chenery，Elkington，Sims. A Uniform Analysis of development Pattern. Harvard Uinversity Center for International Affairs. Economic Devolopment Report 148（July）. Cambridge，Mass，1971.

表 2-6 钱纳里、艾金通、西姆斯劳动力标准结构 单位:%

产业	人均国民生产总值的基准水平（1964 年美元）							
	100	200	300	400	600	1000	2000	3000
第一产业	68.1	58.7	49.9	43.6	34.6	28.6	23.7	8.3
第二产业	9.6	16.6	20.5	23.4	27.6	30.7	33.2	40.1
第三产业	22.3	24.7	29.6	33.0	37.6	40.7	43.1	51.6

资料来源：Chenery，Elkington，Sims. A Uniform Analysis of development Pattern. Harvard Uinversity Center for International Affairs. Economic Devolopment Report 148（July）. Cambridge，Mass，1971.

钱纳里（H. Chenery）和塞尔奎因（Syrquin M.）在 1986 年进一步提示了产业结构的变动规律。他们认为，在工业化初期，以纺织、食品为代表的轻工业在产业结构中处于主导地位，此时的产品生产以劳动密集型为主要特征。到了工业化的中后期阶段，重化工业将发展为国民经济的主要部门。它的发展又可以分为两个阶段：前期以资本密集型的原材料工业为重点，后期以技术密集型的加工工业为重点。在这个大的阶段，国民经济增长呈现明显的加速趋势。当一个国家或地区的国民经济完成工业化任务而进入后工业化阶段后，经济增长速度会逐渐回落。

钱纳里等对产业结构的研究比库兹涅茨的研究在方法上有所改进，在研究内容的广度和深度上都前进了一大步。

2.2.2 城市化相关理论

城市化作为经济发展中的一个重大结构性转变，极大地推动了人类经济和社会的发展。学者们对于城市化给予了广泛的关注，从不同角度对城市化进程中的规律进行了探索。

2.2.2.1 城市化进程的阶段性规律

美国城市经济学家诺瑟姆（Ray. M. Northam，1975）通过对多个国家城市人口占总人口比重变化的研究，提出了城市化发展过程呈 S 形曲线的结论，揭示了城市化进程中存在的阶段性规律。在城市化的初期阶段，城市化水平发展缓慢，持续时间长，在这一阶段，农业和农村在国民经济中处于支配地位；当城市化水平超过30%时，城市化进入中期阶段（也称快速发展阶段），呈现加速发展状态，在这一阶段，城市化与工业化相互促进，城市在国民经济发展中逐渐占据主导地位；当城市人口比重大约超过70%时，城市化进入后期阶段（也称终极阶段），此时的城市化水平再次进入缓慢发展时期，在这一阶段，城市在经济和社会发展中居于绝对优势地位，人口也绝大多数生活在城市。

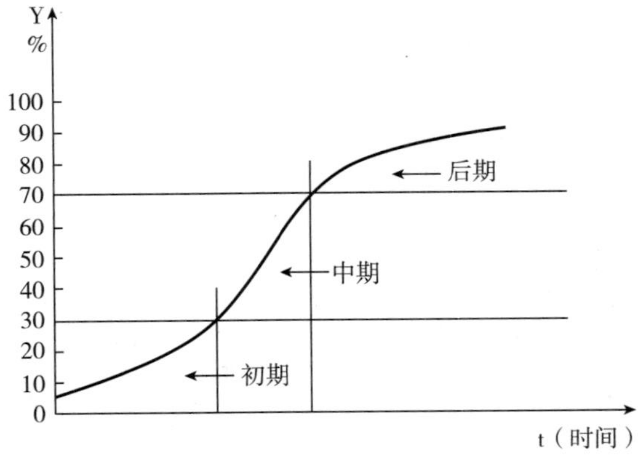

图2－1　城市化发展的诺瑟姆S形曲线

资料来源：谢文蕙，邓卫．城市经济学（第二版）［M］．北京：清华大学出版社，2008.

2.2.2.2　集聚经济规律

集聚是城市在空间上的重要特征，也是影响城市化发展最重要的经济规律。马歇尔（Marshall，1890）最早研究了集聚经济，他认为集聚经济带来的利益主要来源于三个方面：知识外溢、辅助行业的发展、存在一个广阔的专业技能市场。俄林（Ohlin，1934）将集聚经济划分为四种不同的类型：企业内部规模经济、地方化经济、城市化经济、产业间联系。此后，还有多位学者对集聚经济进行了研究，形成了对于集聚经济现象较为系统的认识。

集聚效应是指市场主体（企业、居民等）的空间集聚所带来的成本降低和经济效益的提升。集聚经济存在着适度的空间范围，当集聚水平适度时，就会出现正的外部性，也即集聚的正能量，产生集聚经济；相反，当集聚水平不适度时，就会出现负的外部性，也即集聚的负能量，产生集聚不经济。企业的集聚通常有两种表现形态：一是同类企业的集聚经济；二是多类企业的集聚经济。同类企业集聚在一个区域，一方面，减少了顾客的采购成本，往往能产生在原有消费目的之外的“引致消费”行为，使交易规模扩大；另一方面，同类厂商集中在一起有利于开展良性竞争，提高行业的整体效益。不同类型的企业集聚在一个区域，既可以促进企业之间开展合作，形成各种“产业链”，产生一系列“正外部效应”，又有利于满足消费者对不同商品或服务的多样化需求，起到吸引客源，开拓市场和加强联系的作用。城市化的过程也是农村人口逐步向城市迁移的过程，人口的集聚势必增加相应的商品和服务的需求，引起相应的配套公共服务和公共产品的集聚。

2.2.2.3 增长极理论

法国经济学家佩鲁（Francois Perroux）在1955年《论增长极的概念》一文中，首次明确提出增长极的概念。他认为，现实中的经济增长往往是在非均衡的条件下进行的，最先出现在一些增长点上，然后通过特定的渠道向周围辐射，对外围地区产生影响。瑞典经济学家缪尔达尔（Gunnar Myrdal，1957）进一步发展了佩鲁的理论，他认为，在区域和城乡的经济动态发展中，存在着两种方向相反的效应，即极化效应和扩散效应。前者会使落后地区的生产要素向发达地区流动，导致落后地区发展缓慢；后者会导致发达地区的生产要素向落后地区流动，促进落后地区的发展，这种观点也被称为“累积因果循环”理论。美国经济学家赫希曼（Albert Otto Hirschman）于1958年提出了与缪尔达尔相近的“涓滴效应”理论，他从乐观的角度认为增长极必然会造成“涓滴效应”与“极化效应”并存，从长期来看，“涓滴效应”足以缩小区域或城乡之间的差距。增长极理论是建立在经济空间基础上的，实际上说明了区域与城乡发展中生产要素的空间转移效应和规律。

2.2.2.4 二元结构理论

二元结构理论认为城市化是城乡结构的转换过程，其主要代表人物有刘易斯、费景汉、拉尼斯和乔根森等。

刘易斯（A. Lewis，1954）认为，在技术进步的前提下，传统的农业部门中会出现大量的剩余劳动力，由于这部分剩余劳动力的收入非常低，因此城市化过程中劳动力的供给具有完全弹性，即存在着现有工资条件下的“劳动力无限供给”的情况，因此传统农业部门可以为现代工业部门的发展提供充足的劳动力。劳动力是由传统部门向现代部门集中的过程，也就是城市化的过程。费景汉和拉尼斯（H. Fei & G. Ranis，1964）对刘易斯的理论进行了补充和完善。他们指出，刘易斯的“二元结构”理论只关注到农业剩余劳动力的转移问题，在一定程度上贬低了传统农业部门的作用。传统农业部门不仅能为工业部门提供劳动力的支持，而且在劳动力转移过程中还会带动个人资本的转移，从而为工业部门的发展提供资金。因此，农业部门所生产的农业剩余的多少才是影响城市发展的主要因素。乔根森（D. Jogenson，1967）从新古典经济学的角度来开展研究，对“二元结构”理论做了进一步的深入研究和完善。他认为，现实中并不存在边际生产率为零的劳动力供给，而且农业部门和工业部门的工资也不是固定不变的，在改变假设条件的基础上，乔根森得出了只有当农业部门的发展能够有效满足自身发展的需要而出现剩余时，才会出现工业部门，也才能实现城市化发展的结论。从总体上看，“二元结构”理论主要研究和分析的是人口和资本在农业部门和工业部门之间的转移问题，即主要研究城市化过程中劳动力和资本由农村向城市的流动和转移的问题。

2.2.3 协调发展相关理论

尽管经济学理论中也常常体现出协调发展的思想，但是完整、系统地探讨协调发展的理念和方法的，却是系统论和协同论等现代科学方法论。

2.2.3.1 系统论

系统论（System Theory）是由美籍奥地利人贝塔朗菲（L. Von. Bertalanffy）创立的。贝塔朗菲认为，“系统是由各部分或子系统，按照一定规律组成的具有特殊功能的整体”①。系统论的基本原理主要包括以下几个部分：一是系统整体性原理。系统是由两个以上的不同部分及要素组成的，具有一定结构的有机整体。在结构合理、有序的条件下，系统的整体功能大于各部分功能之和。二是动态相关性原理。不同系统之间、各子系统之间、不同组成部分之间、各个要素之间、系统与环境之间存在着密切的联系，它们相互依存、相互影响，构成了系统变化发展的条件。这些条件的存在及变化影响制约着系统的动态变化。三是等级层次性原理。在一个复杂系统中，存在着不同的子系统及其组成部分，它们之间具有高低不同的等级层次。不同等级层次的系统具有不同的结构和功能，是相互联系、相互作用的。四是系统有序性原理。由于一个系统的结构与层次在一定时期内具有稳定性，其结构与功能的动态演变具有较为明确的方向性，因此系统具有有序性的特点。系统的有序度是变化的，在一定条件下保持在一定有序度上，随着条件的变化，系统的有序度可以发生由高到低或由低到高的变化，它对应着系统的整体性发生由强到弱或由弱到强的变化。

2.2.3.2 协同论

协同论（Synergetics）是由德国斯图加特大学教授哈肯（Hermann Haken）在1971年提出的。协同论认为，无论是自然系统还是社会系统，尽管其具体属性可能存在差异，但是都处于一个整体的环境中，因此不同系统之间存在着既相互影响又相互合作的关系。协同论的主要内容包括以下三个方面：一是协同效应。协同效应是指不同的子系统由于处于不同等级的系统中，会在内在联系的基础上发生相互作用而产生整体效应。这种协同效应是促使系统形成合理结构的内在驱动力，能够使系统在一定条件下发生质变，实现从无序状态向有序状态的演变。二是伺服原理。在系统的不同部分和要素中，发展速度存在着快慢的差异，重要程度也有大小之分。伺服原理是指在系统的变化发展中，快的变量的发展速度要服从于慢的变量，对于系统整体起主要作用的少数变量即序参量会支配着系统的结构与动力，因此要重视序参量和慢变量在系统变化发展中的作用。三是自组织原理。与他组织相对应，自组织是系统在没有外部干预和影响的条件下，其

---

① 霍绍周．系统论［M］．北京：科学技术文献出版社，1988.

内部各子系统之间自发作用，根据某种规则自动形成一定的结构和功能。之所以会发生自组织现象，是因为系统的不同子系统之间存在着协同作用，所以能够在一定的时空维度上形成有序的结构。

2.2.3.3　系统论和协同论对产业结构与城市化协调发展的启示

系统论和协同论等科学方法论阐述了系统内部与系统之间协调发展的必然性及规律性，它们对于产业结构与城市化协调发展具有重要的指导作用。虽然产业结构与城市化是经济系统中的两个子系统，但是二者都是构成因素较多、结构较为复杂的大系统。产业结构既包括三次产业之间的关系，也包括三次产业内部各个具体产业的关系；城市化不仅包括非农产业和人口在城市的集聚，还涉及城市空间结构的调整、居民生产方式和生活方式的转变、生态环境的保护等多个因素和问题。因此，要实现产业结构与城市化的协调发展，就应该在系统论和协同论的指导下，坚持整体性、动态相关性、等级层次性、有序性的原则，正确认识和处理产业结构和城市化发展中的各个要素、各个部分之间的关系，重视慢变量的发展，着力处理好影响二者互动发展的序参量，充分发挥产业结构与城市化之间的协同效应和自组织效应，实现二者的良性互动和协调发展。

2.3　国内外研究综述

2.3.1　国外相关研究

西方国家的工业化与城市化的进程开始得较早，因此对于产业结构与城市化的研究开展得也较早，学者们对二者关系进行了较为全面的研究，形成了很多有价值的研究成果。总的来说，国外的相关研究主要包括以下几个方面。

2.3.1.1 产业结构具体形态与城市化的关系

产业结构的具体形态表现为三次产业，它们与城市化存在着密切的关系。刘易斯（1954）提出，虽然城市化的动力是工业化，但城市化的基础是农业的进步和发展。库兹涅茨（1971）最早强调城市化对农业发展具有积极作用，并把这一作用概括为两方面的路径：一是城市化带动人口从农村向城市转移，在提高居民收入的基础上，会增加对农产品的需求；二是农产品由农村运往城市，带动了交通运输等农业服务业的发展。

工业化与城市化存在着内在的互动作用。H. 钱纳里和 M. 塞尔奎因（1975）研究了多个国家和地区工业化与城市化之间的关系，提出了工业化与城市化的发展模式，指出二者的发展经历是一个由紧密到松弛的过程，城市化会以快于工业化的速度而变化发展。Moomaw 和 Shatter（1996）的研究认为，农业人口的增长会对城市化产生明显的阻碍作用；工业的劳动力增加则会促进城市化的发展。Kojima（1997）根据 1965 ~ 1989 年的数据，研究了发展中国家工业化与城市化的关系，得出了东亚国家的工业化与城市化基本同步，而拉美国家的城市化超前于工业化的结论。Pandy（1997）运用计量分析方法，得出了非农产业的就业增加对城市化具有显著正向影响的结论。

进入后工业化时期，第三产业与城市化的关系受到了越来越多的关注。Moir（1976）运用 75 个国家的数据进行考察，发现在经济发展水平较低的时期，第二产业与城市化的联系更加紧密；而在经济发展到较高水平阶段，第三产业与城市化之间的关系变得更为突出。Singclmann（1978）认为，城市化对第三产业的发展具有重要作用，它推进了一个国家的经济向服务型转变。Daniels（1991）研究发现，城市发展会在一定的空间区域内形成专业化的市场，也会为服务业的发展和扩张创造条件。Yoshima Araki（1997）通过研究发现，城市人口与第三产业从业人员密切相关，城市化促进了服务业从业人员的增加。Mcssina（2004）通过计量分析，认为城市化水平会对第三产业的就业规模产生显著的正向作用，城市化程度的提高对于第三产业的发展规模产生重要的影响。Hermelin（2007）的研究表明，城市区域是第三产业活动分布与发展的重要区域；反过来，第三产业部门的增加及其发展对于城市地区的经济增长具有重要影响。Henderson（2000）

通过实证研究得出认识，城市的规模在很大程度上受到主导产业的影响，以科技、金融、商业、信息咨询等现代服务业为主导产业的城市规模相对较大，而以劳动密集型的轻工业或制造业为主导产业的城市规模一般较小。Henderson（2002）认为，在城市经济系统中，由于分工和专业化的原因，经济活动更趋于分散。标准化的工业生产通常会转移到中小规模的城市开展，而大城市由于人口规模和人才集聚的优势则会侧重于技术研发、金融服务等现代服务业，也会发展非标准化的制造业。

2.3.1.2 *产业结构与城市化互动发展的影响因素*

产业结构与城市化的互动发展，受到多种因素的影响。其中，技术进步具有非常重要的作用。Murata（2002）指出，在工业化进程中，技术进步带来了农业劳动生产率的提高，促使农业部门产生剩余劳动力，这部分劳动力转移到城市就业，使城市化得到较快发展。Moir（1976）认为，由于后发优势的原因，发展中国家在工业化过程中拥有更先进的技术水平和装备，因而其制造业对劳动力的吸纳能力下降，导致大量的劳动力向第三产业转移。Carlino（2007）研究发现，城市化发展会促进科学技术的创新，进而对产业结构升级产生推动作用。人力资本状况也是影响产业结构与城市化的重要因素。Lucas（1988）最早强调了人力资本积累在促进城市集聚与经济增长中的作用。Black 和 Henderson（1999）认为，人力资本状况会影响到城市聚集效应的发挥，进而影响到产业结构与城市化的互动发展。在开放经济条件下，国际贸易和国际投资对产业结构和城市化会产生影响。Markusen（1999）认为，出口公司可以通过产业的关联效应促进发展中国家的产业结构变动。在产业结构变动中，企业为集聚效应而搬迁到城市，能够促进城市化发展。Farhana（2012）通过研究指出，由于发展中国家在国际分工中处于产业链的底端，习惯于以粗放方式追求经济发展，当城市化率达到一定程度后，容易陷入“中等收入”陷阱，不利于产业结构的优化升级。Pan 等（2013）通过研究发现，外商直接投资大多集中于外贸加工型和资本技术型产业，对城市化进程产生了重要影响。Moreno（2014）认为，外商直接投资能够促进投资的相关产业的发展，以及带动农业人口向非农人口的转变，从而推动城市化进程。政府的政策对产业结构和城市化的演变也会产生影响。Davis 和 Henderson（2003）

指出，政府的一些经济政策，如价格政策、投资政策、贸易政策等均会对产业结构与城市化产生影响，但这种影响先作用于产业结构的变化，进而间接影响城市化的发展。

2.3.1.3 集聚效应在产业结构与城市化演变中的作用

马歇尔（A. Marshall）在其名著《经济学原理》中首次明确了产业集聚和城市化发展的关系，并提到了“地方性工业”的概念。英国城市学家巴顿（1986）将城市的聚集经济效益划分为十大类，并在此基础上提出了相应的城市功能。Mills 和 Becker（1986）认为，工业化引起了第二产业和第三产业的产值上升，带动大量的企业在城市聚集，促进了城市规模的扩大。Lucas（1988）认为，随着城市数量的增加和规模的扩大，城市经济的集聚效应开始发挥作用，促进生产效率提高，降低交易费用，进而加速经济增长。Davis 和 Henderson（2003）指出，在一个经济体的主导产业由农业转变为第二产业和第三产业时，为了获得集聚效应和规模效益，企业和工人会到城市中聚集，推动了城市化发展。B. Hermelin（2007）和 U. Michael（2012）等相继开展实证研究，得出城市化进程能够促进不同产业的分工与协作，进而加速产业集聚，提高技术水平及创新能力，最终推进产业结构升级。Alonso - Villar（2004）通过对 1993 ~ 1999 年西班牙产业集聚情况进行分析，得出了科技水平越高的产业具有的集聚性也越明显的结论。他同时发现信息外溢、劳动力市场和工商业服务等对产业集聚具有重要影响。Kolko（2010）认为，城市化水平的提高能够促进现代服务业之间的协同发展，带来集聚效应，最终导致产业结构升级。

2.3.2 国内相关研究

与国外研究相比，国内学者对产业结构与城市化关系的研究起步相对较晚。在中国产业结构转型和城市化水平快速提升的大背景下，国内学者围绕二者关系开展了一系列研究，取得了大量的研究成果。

2.3.2.1 产业结构形态与城市化的互动关系

很多研究是基于三次产业与城市化的关系开展的。曾芬钰（2002）、干春晖和余典范（2003）认为，在产业结构调整的过程中，城市化的推进对第一、第二、第三产业均产生了明显的优化和提升作用。孙晓华和柴玲玲（2012）从实证角度研究发现：我国城市化与第一、第二产业的产值结构和第一、第二、第三产业的就业结构存在着长期均衡关系；城市化率与三次产业的就业比重存在着单向因果关系。曹宗平和吴思思（2015）研究发现：长期以来我国第二产业对城市化发展起到了显著的推动作用。马远和龚新蜀（2010）、李晶等（2014）、马子量和麻建学（2016）分别对新疆、黑龙江、辽宁省等省份进行了实证研究，省级或区域的数据证明了产业结构与城市化存在明显的互动关系。

关于工业化与城市化的互动关系，我国学术界开展了大量的研究。刘秉镰和王家庭（2004）认为城市化带动工业化表现为两个方面：一是通过集聚效应降低了企业的交易费用，二是随着人口在城镇的集聚，增加了对制造业与服务业产品的需求量。王可侠（2012）认为产业结构、工业化和城市化三者之间不断调整升级并相互推动，任何一方的显著进步都会明显反作用于其他二者的发展。谷慧玲（2012）认为工业集聚与城市化发展互为条件、相互影响、相互促进。工业集聚提高了企业的生产效率，降低了成本，加快了城市化进程；城市化吸引了更多的生产要素在城市集聚，为工业的集聚发展提供相应的市场环境和制度环境。朱江丽（2013）认为在城市化发展初期，工业化是推动城市化的必经之路，以工业为主导的产业结构比服务业主导的产业结构有着明显优势。在城市化与工业化的发展程度方面，大体有两种观点：一种观点认为，我国城市化滞后于工业化。程俐骢和吴光伟（2005）认为，我国城市化滞后于工业化，其原因主要在于工业产值比重上升，没有带动就业结构和城市化的变动。另一种观点认为，我国的城市化与工业化基本相适应。"工业化与城市化协调发展研究"课题组（2002）通过研究得出，中国的城市化并没有滞后于工业化，主要理由在于人口城市化与就业非农化是基本一致的。

关于第三产业与城市化的相互关系。陈可和顾乃华（2002）认为，第三产业对城市化的推动作用主要体现在增强城市经济实力、提高城市生活和人口质量等方面。俞国琴（2004）认为，第三产业的发展加快了城市化的进程，能增强城市的吸纳能力。江小涓等（2004）通过研究服务业与经济增长的关系发现，城市化水平是影响城市服务业产值比重调整的重要因素。马鹏等（2010）认为，城市化对第三产业整体发展具有显著的影响，但它对第三产业内部各行业发展的影响要受到城市化发展阶段和不同行业类型等因素的影响。陈立泰和侯娟娟（2012）、王向（2013）、王晓红和胡艳君（2015）的研究均表明，城市化的发展直接推动了第三产业的发展。冉建宇和张建升（2011）实证发现：中国各地区城市化与服务业发展水平都在不断提高，但存在较大的地区差异。曾淑婉和赵晶晶（2012）、王为东等（2013）、陈健（2015）根据我国跨省份面板数据研究发现：我国生产性服务业的专业化发展对现阶段城市化进程起到了显著的促进作用，但是区域差异明显。张自然等（2015）分析 38 个国家和地区的数据得出结论，我国服务业占 GDP 的比重仍将逐步提高，在经济增长中将越来越重要。杨艳琳和张恒（2015）利用 22 个国家 1960 ~ 2013 年的相关数据研究发现：城市化和服务业发展从初期到高度发达的过程中，其相互促进作用先强后弱，且城市化对服务业的促进作用比服务业对城市化的促进作用相对要大。

2.3.2.2　产业结构与城市化的互动机理

在产业结构对城市化的影响机理方面，李铁立等（2003）认为产业结构演变从产业部门转移和空间转移两个方面影响城市化的发展；陈甬军和陈爱贞（2004）认为产业结构演变从产业的区域转移带来的集聚效应和规模经济等方面促进了城镇化的发展；李丽萍和郭宝华（2006）认为，第二、第三产业产生聚集乘数效应推动了城市化进程。欧阳峣和生延超（2006）研究认为，城市化通过投资形成、投资导向和产业整合三个方面的作用促进了产业结构的调整。李志翠等（2013）、牛婷等（2014）实证发现：产业结构合理化和高级化演变在长期内促进城市化的发展，产业结构高级化演变是城市化水平提升的原因，但短期产业结构高级化演变不利于城市化水平提升。魏娟和李敏（2009）实证发现：江苏省产业结构高级化与城市化之间存在长期稳定的动态均衡关系和单项的因果关系，且就业结构高级化对城市化进程的促进作用比产值结构高级化带来的影响要显著。

2.3.2.3 城市化与产业集聚（群）互动关系研究

在产业集聚与城市化的互动作用方面，蔡孝箴（1998）指出集聚经济为城市化发展提供了直接动力，通过厂商、要素的聚集来推动城市的形成和发展。葛立成（2004）认为，产业集聚是城市化发展的基础，对城市化的推进方式和扩张形态影响重大。李敦瑞（2007）认为，城市化发展过程中人口的集聚为集群内企业的发展提供了广阔的消费市场，城市化为产业集群发展提供了有利条件。孙洪哲和刘琦（2011）认为产业集聚与城市化相互促进、共同发展。城市化推动产业集聚，为产业集聚提供资源要素，影响着产业集聚的规模及结构。而产业集聚加速了城市人口汇聚和空间结构转变，提高了城市竞争力。

2.3.2.4 产业结构与城市化的协调发展研究

在十六大和十六届三中全会倡导产业结构与城市化协调发展的背景下，出现了关于产业结构与城市化的协调发展研究。最早开展此类研究的是龙爱华、徐中民和程国栋（2002），他们使用较为传统的标准结构比较与相关系数计算的办法，分析了河西走廊的产业结构与城市化发展中存在的不和谐问题，并提出了相关的政策建议。其后的研究中，周建华和何芹（2003）、喻萧萧和王宏艳（2007）、刘学功和樊明智（2011）沿用了这类研究方法，分别对我国山东省和许昌市的产业结构与城市化的协调问题进行了分析。王军生、张晓棠和宋元梁（2005）最早从实证分析的角度开展了研究，他们通过构建产业结构与城市化的评价系统，先评价二者各自的发展水平，再计算二者的协调度的办法对陕西省产业结构与城市化的协调发展水平进行了分析和研究。其后，这种研究方法被主要运用到协调发展研究中。接栋正和陈超（2008）以福建省为例研究发现，制约产业结构与城市化协调发展的主要因素是产业结构，优化产业结构可以促进两者协调发展。徐慧敏、朱道才（2015）的研究发现，安徽省城市化水平总体上滞后于产业结构变动，两者仅仅处于良好协调的边缘，要实现理想的协调发展至少需要 10～15 年的时间。此外，孙立霞（2014）以青海省为例，陆远权、刘建锋和杨丹（2007）以三峡库区为例，张卫国、黄晓兰、郑月龙和汪小钗（2016）以西部地区为例，分别对不同区域的产业结构与城市化的协调度进行了测算和分析。

2.3.3 已有研究述评

从上述国内外相关研究可以看出，国内外学者从不同角度出发，对产业结构与城市化的互动关系进行了比较全面而深入的分析。

最早研究产业结构变动与城市化发展之间相互关系的是库兹涅茨和钱纳里，他们开创了从国际间比较进行研究的标准程式。在此基础上，其他学者对于影响二者关系的人力资本状况、技术进步、经济政策等影响因素和二者互动作用的内在机制——聚集经济展开了深入的研究。由于西方发达国家在经济实践中较自然地实现了产业结构与城市化的良性互动和协调发展，因此国外的研究更多的是从互动的角度以及从较为微观的层面展开的，研究成果较多表现为理论上的原创研究和国际间的比较研究，对于“协调”问题较少涉及。

我国对于产业结构与城市化的相关研究起步较晚，但发展较快，也取得了大量的成果。国内研究的特点在于在理论方面主要借鉴或适当改进国外的理论和模型，研究的重点在于通过实证研究或问题分析研究全国或不同区域的实际问题并寻找政策建议。由于我国的经济结构中存在着较多的不平衡性，国家重视处理好不同结构问题的关系，强调经济和社会的协调发展，因此产业结构与城市化的协调发展是带有中国特色的研究命题。

概括起来，与国内的二者互动研究相比，我国已有的关于产业结构与城市化协调发展的研究数量相对较少，而且其中以定性分析为主的一类研究实质上还是沿用了传统的互动关系的分析方法，只有实证研究这一类型才是从系统论角度真正从协调视角来开展研究的。概括来看，已有的协调发展的实证研究具有以下几个特点：一是此类研究在机理上是从“协调”的理论和概念出发的，没有对互动与协调的关系进行深入的探讨和分析；二是此类研究较多地对我国的某个地区进行研究，缺少对全国产业结构与城市化协调发展及省际差异的分析；三是产业结构指标体系均选用产值结构与就业结构的指标来评价，这是以库兹涅茨和钱纳里使用的国际标准程式作为出发点的研究视角，虽然有理论依据，但是也存在值得商榷和改进之处。

本书拟对此类研究进行改进：一是基于“良性互动”带来“协调发展”的

认识，从互动与协调的关系上进行机理的构建和实证分析；二是基于已有文献对于全国及各省际间问题研究不足的状况，拟对我国产业结构与城市化的协调发展进行研究，适当涉及各省际的相关问题；三是对于已有的研究方法和指标选取进行改进，选取更能全面反映产业结构与城市化状况的变量，并对各变量之间的关系进行进一步的挖掘。以上构成了本书的逻辑起点和基本思路。

2.4　产业结构演进与城市化协调发展的内涵与分析框架

2.4.1　产业结构演进与城市化协调发展的内涵

要准确界定产业结构演进与城市化的协调发展，首先要厘清什么是“协调”。“协调”一词的本义是“和谐一致、配合得当”（《现代汉语词典》），它既可以作为名词描述事物之间的状态；也可以作为动词强调事物之间的良性互动关系。在一般情况下，“协调”多用于系统论中，用于描述系统内部和系统之间的一种“和谐匹配”的状态和关系。从系统论的角度来说，“协调”就是“为实现系统总体演进目标，各子系统和各要素之间形成的一种相互作用、相互促进和相互协作的良性发展态势”①。

从系统论的理论和“协调”的概念出发，产业结构与城市化的协调发展，就是在经济发展过程中，促进产业结构与城市化在一定条件下良性互动，在保持二者各自有序发展的前提下，使产业结构与城市化在发展速度、发展水平上协调一致、配合得当，从而实现经济的持续健康发展。具体说来，产业结构演进与城市化协调发展的内涵，包括以下几个方面：

① 隋映辉．协调发展论［M］．青岛：青岛海洋大学出版社，1990.

第一，产业结构与城市化协调发展的基本条件是二者在一定条件下的良性互动。产业结构与城市化是相互影响、相互作用的，具有内在的互动关系。这种互动关系受到多种因素的影响和制约，是在一定的机制中发生的。发达国家的产业结构与城市化之所以能够实现协调发展，主要原因在于这些国家形成了良性的互动机制，采用了一些有效的政策和措施，促进了产业结构和城市化的良性互动。因此，只有采取有效的机制和措施，处理好各种影响因素的关系，才可能实现产业结构与城市化的良性互动。只有在二者良性互动的条件下，才能实现二者的协调发展。

第二，产业结构与城市化协调发展的必要前提是二者各自的有序发展。产业结构与城市化是经济系统的两个子系统，具有各自的演变规律和趋势。只有它们各自实现有序发展，才有可能实现二者之间的良性互动和协调发展。一些发展中国家在没有经历工业化充分发展的基础上超前发展第三产业的做法，虽然促进了城市化率的增加，但是却造成了城市化过程中的贫困问题，影响了经济和社会的稳定。因此，产业结构与城市化的有序发展为二者之间的协调发展奠定了前提和基础。

第三，产业结构与城市化协调发展的具体表现是二者在发展速度和发展水平上的匹配得当。产业结构演进与城市化发展既是两个动态的演变过程，又具有内在的关联互动关系。由于具有内在的关联互动性，产业结构演进与城市化的发展速度与发展水平具有较强的一致性。由于产业结构演进与城市化发展又是两个动态的演变过程，因此二者的发展速度和发展水平又必然存在着一定的差异性。“匹配得当”不是完全同步，而是在保持较强一致性的前提下存在着适当差异性的状态。只有实现二者发展速度和发展水平的匹配得当，才能实现二者的协调发展。

第四，产业结构与城市化协调发展的实现过程是“协调”与“失调”的动态变化调整。由于产业结构与城市化都是复杂的经济系统，在多种因素的影响下，二者的发展状况与互动关系必然会或多或少地存在着问题。因此，协调与不协调是作为对立物而存在的，即使在事物整体的相对协调状况下也存在着不协调的因素和问题。只有对“失调”的问题进行有效的辨识，并做出针对性的调整，才能促进产业结构与城市化的长期动态变化过程向着相对协调的方向发展。

2.4.2 产业结构演进与城市化协调发展的分析框架

依据本书界定的产业结构与城市化协调发展的内涵，可以构建产业结构与城市化协调发展的分析框架。

第一，由于产业结构与城市化协调发展的基本条件是二者在一定条件下的良性互动。因此，既需要从理论上分析产业结构与城市化互动发展的影响因素、作用机制、互动作用，又需要对我国产业结构与城市化互动发展历程进行历史的考察和实证的分析，以从实践角度来验证和分析二者的互动作用。

第二，由于产业结构与城市化协调发展的必要前提是二者各自的有序发展。因此，需要判断和分析我国产业结构与城市化是否实现了各自的有序发展。有序发展意味着事物实现由低层次等级向高层次等级的发展。产业结构的有序发展表现为三次产业之间和三次产业的内部结构实现了由低向高的发展；城市化的有序发展意味着城市由数量、规模的扩张逐渐转化为质量和水平的提升。

第三，由于产业结构与城市化协调发展的具体表现是二者在发展速度和发展水平上的匹配得当。因此需要对二者的发展速度和发展水平进行综合的评价与分析。综合评价需要选取适当的评价指标和研究方法，在构建综合评价指标体系的基础上进行统计与计量分析。

第四，由于产业结构与城市化协调发展的实现过程是“协调”与“失调”的动态变化调整。因此，既需要对我国整体及各省市产业结构与城市化的协调度进行测算和分析，也需要对影响二者协调发展的问题进行总结和归纳，并采取针对性的政策和措施对二者的偏差进行纠正。

本书的后面几个章节就是围绕产业结构与城市化协调发展的分析框架展开的。第3章从理论上分析产业结构与城市化互动发展的影响因素与实现机理；第4章运用历史分析的方法对我国产业结构与城市化的互动发展历程进行回顾与总结，并从典型国家产业结构与城市化的互动发展历程中寻求启示；第5章从实证分析的角度来考察我国产业结构与城市化的关联互动情况；第6章对我国产业结构与城市化的发展水平进行综合评价和分析；第7章从纵向和横向两个层面对我国整体及分省市产业结构与城市化的协调度进行测算与分析，并从影响协调度的角度出发来研究二者的互动效应；第 8 章对影响我国产业结构与城市化协调发展的主要问题进行总结和回顾，并提出有针对性的政策建议。

2.5 本章小结

本章主要对本书研究的相关理论与文献资料进行梳理与总结，对研究的基本概念进行界定，以构建产业结构与城市化协调发展的分析框架。

本书研究产业结构演进与城市化协调发展问题，因此产业结构演进理论、城市化理论和协调发展的相关理论构成了研究的理论基础。由于西方发达国家在经济实践中较自然地实现了产业结构与城市化的良性互动和协调发展，因此国外关于产业结构与城市化关系的研究较多地表现为理论上的原创研究和国际间的比较研究，研究角度多从较为微观的层面展开，对于二者的“协调”问题较少涉及。国内相关研究的特点是在理论方面主要借鉴或适当改进国外的理论和模型，研究的重点在于通过问题分析或实证研究来发现全国或不同区域的实际问题并探寻对策建议。已有的关于产业结构与城市化协调发展的研究数量相对较少，在研究中还存在着一些不足之处，本书拟对其不足进行改进，由此形成了研究的逻辑起点和基本思路。在经济理论和系统论的基础上，概括出产业结构与城市化协调发展的四层内涵：基本条件是二者在一定条件下的良性互动；必要前提是二者各自的有序发展；具体表现是二者在发展速度和发展水平上的匹配得当；实现过程是“协调”与“失调”的动态变化调整。在此基础上，构建了产业结构与城市化协调发展的分析框架。

第3章　产业结构演进与城市化互动发展的影响因素与实现机理

产业结构演进与城市化协调与否取决于二者一定条件下的互动状况：良性互动能促进二者的协调发展，不良互动会造成二者不协调的后果。本章旨在探讨产业结构演进与城市化互动发展的影响因素与实现机理。产业结构与城市化的互动发展是在一定的环境和条件下进行的，受到多种因素的影响和制约，本章第1节首先对这些影响因素进行归纳和分析；在市场经济体制中，产业结构与城市化的互动作用具有内在的机制和路径，第2节从产业结构与城市化的理论出发，探讨二者在市场经济条件下的互动机制；产业结构演进与城市化发展的相互作用是通过三次产业关联互动实现的，第3节从三次产业的角度分析产业结构与城市化的互动关系。

3.1　产业结构演进与城市化互动发展的影响因素

在市场经济体制中，产业结构演进与城市化发展是在一定的环境和条件下进行的，二者的互动作用要受到多种因素的影响。根据作用力的来源不同，可以将影响两者互动发展的因素分为内部因素和外部因素两大类。内部因素是在市场机制下对资源配置起基础性作用的需求因素和供给因素。外部因素是对资源配置产生影响的政府作用和国际经济关系等因素。总的来看，本书将影响二者互动发展的因素概括为技术进步、需求因素、供给因素、政府作用和国际贸易与国际投资。

3.1.1 技术进步

严格来说，技术进步也属于供给因素。但是，与其他供给因素不同，技术进步在产业结构与城市化的互动发展中具有决定性的作用，从历史来看，产业结构和城市化的几次快速发展都是与巨大的技术进步即科技革命密切相关的。因此，可以将技术进步独立作为促进产业结构演进与城市化发展的一个因素，以此强调它的作用。

技术进步可以分为广义的技术进步和狭义的技术进步，这里所指的技术进步主要是指狭义的技术进步。技术进步对产业结构的作用是决定性的，具体来说主要表现在两个方面：一是技术进步推进了新产品的出现，促进了新的生产部门的产生和发展，新兴产业会通过产品的替代性而淘汰一些落后产业，从而推动产业之间的新旧更替，实现产业结构由低向高的发展。具体表现在，通过技术进步的作用，产业结构会实现由劳动密集型产业为主导过渡到以资金密集型产业为主导，最终发展为以技术密集型和知识密集型产业为主导。二是技术进步会通过劳动生产率的变化影响产业结构。技术进步能够推动企业生产的方式、方法、流程发生变化，企业管理的模型进行变革和创新，从而促使企业降低生产和运营的成本，提高劳动生产率。但是，这种作用在不同产业之间的表现是不平衡的，由于劳动生产率较高的部门会获得较高的利润，因此，生产要素会在追求利益最大化的目标下从劳动生产率较低的产业转移到劳动生产率相对较高的产业，带动产业结构的演变升级。特别是在几次科技革命的作用下，技术进步明显加快，新的技术不断出现并快速地应用在生产中，促进了第二产业和第三产业劳动效率的迅速提高，促使第二、第三产业在国民经济中所占比重不断上升。与此同时，第二产业和第三产业发展加速了城市产业的集聚和扩散，城市化也迅速发展起来。

3.1.2 需求因素

需求因素包括消费需求和投资需求。在开放经济的条件下，消费需求可以分为国内消费需求和国际消费需求。投资需求可以分为国内投资需求和国际投资需求。国际消费需求和国际投资需求往往通过国际贸易和国际投资来实现。这里所指的需求主要是指国内的消费需求和投资需求。

消费需求主要包括个人消费需求、中间消费需求和最终消费需求等。消费需求对产业结构的影响最为直接，消费结构的变化会引起相关部门产品结构的变化，产品结构的变化会导致相关产业的生产结构的变动，最终导致产业结构的调整。投资需求包括两部分：固定资产投资需求和流动资产投资需求。投资需求通过固定资产投入和流动资产的投入，形成各产业具体生产所需要的各种条件和能力，也可以通过技术研发和新产品开发来影响产业之间的关联方式和产品的需求状态。投资在不同产业部门的分布情况和比例是产业结构变动的直接原因。消费需求与投资需求具有内在的联系。一般来说，随着人均收入水平的提高，消费需求总量和结构都会发生变动。消费需求总量和结构的变动会要求社会生产和提供能够满足其需要的产品和服务，从而带动投资需求数量和方向的变动。在需求收入弹性的作用下，资源和要素会由需求收入弹性小的部门向需求收入弹性大的部门转移，促进资源和要素在产业之间和城乡之间进行流动和配置，从而引起产业结构的变动、城市化的发展。

3.1.3　供给因素

供给因素包括自然条件和资源禀赋、劳动力状况、资金供应状况等因素，广义的供给因素也包括技术进步。这些供给因素既构成了产业结构变动的要素基础，也制约着城市的区位选择和空间结构，对于产业结构和城市化的互动发展具有既约束又推动的作用。

自然条件和资源禀赋是一个国家或地区产业结构与城市化互动发展的基本条件。一般来讲，自然资源充裕的国家为了充分发挥比较优势，其产业结构状况或多或少会具有一定的资源开发型的特点；而自然资源匮乏的国家只能依托劳动力或技术条件来参与国际分工，从而形成资源加工型的产业结构。资源分布情况影响产业结构的状况会通过影响城市区位的选择体现出来。现代城市往往产生于区位优势明显、交通便利、易于各种资源和要素进行流动和集聚的区域。劳动力和资金等生产要素是生产函数的基本变量，对产业结构演进和城市化发展具有决定作用。劳动力是生产要素中最重要的因素，劳动力的文化素质和劳动技能的高低，直接影响一个国家主导产业的选择；劳动力结构直接影响产业结构。一个国家或地区资金供应的总量与规模、投入的方向和比例、投入的速度与结构，会对产业结构的形成与发展产生直接的影响。一般来说，资本投入的规模和水平与产业结构的状况和程度有直接的关系。各种供给要素之间相互联系、相互作用，构成了一个国家或地区的供给结构，这种供给结构既反映了一个经济体的要素整体情况和比较优势，也体现了其社会分工状况。在市场经济条件下，供给结构应该适应需求结构变动的要求，随着需求结构的变动而变化发展，这样才能更好地开发和利用资源。供给结构直接决定了产业结构的状况和水平，并通过产业结构演进促进城市化的发展。

3.1.4 政府作用

产业结构和城市化的互动发展虽然可以在市场机制的作用下自发进行，但是由于存在着市场失灵，仅仅依靠市场力量的推动容易出现偏差和问题。从实践来看，不同国家和地区都会对产业结构和城市化互动发展进行一定的政府干预，因此产业结构演进和城市化的互动发展离不开政府作用的发挥。政府在产业结构与城市化的互动发展中，承担着提供制度与政策供给的重要任务。

从制度经济学的角度来看，制度是社会成员认可和遵守的行为规则，有效率的制度安排能够对经济活动产生重要的激励作用。制度对于产业结构与城市化的互动发展具有重要作用，土地制度、户籍制度、财政税收制度、金融制度等都会对生产要素和资源投入的流向和比例产生影响，从而对二者的互动发展产生重要的作用。从影响产业结构与城市化的互动发展的政策来看，政府的产业政策和城市化政策具有最为直接的作用。产业政策的重点是确定需要优先发展的主导产业，通过制定产业结构政策来确保主导产业的发展，发挥其对产业结构升级的带动作用。政府在制定产业政策时，如果能够把握产业结构演进的规律，正确认识产业结构演进的趋势和方向，合理地确定和选择主导产业并给予适当的政策扶持，就能促进产业结构向着合理化的方向发展。城市化政策是政府制定的关于城市化发展的目标、方向、阶段、任务和措施等，它能引导城乡之间资源和要素流动的方向和比例，对城市的数量、规模、功能、结构及城市化的发展速度和发展水平等产生重要的作用。

3.1.5 国际贸易与国际投资

在开放经济条件下，国际贸易与国际投资会对一个国家或地区的产业结构产生重要的影响。这种影响在推动当地产业结构演进的同时，会促使当地的生产要素流动和集聚，进而影响到城市化的进程。

在经济全球化的背景下，国际贸易通过国际分工和比较优势原则能较大程度地带动产业结构和城市化的变动。由于各国的要素禀赋和发展条件存在着较大的差异，不同国家根据比较优势的原则来参与国际分工。各国往往通过出口具有比较优势的产品来满足国际市场的需求，以带动相关产业的发展；同时通过进口外国具有优势的产品以满足国内市场需求，以增加国内供给。这种产品和服务的国际间的交流与合作使产业结构演进发生了较大的变化，使本国的产业结构与国际市场的需求结构和供给结构紧密联系起来。国际投资对产业结构和城市化的变动具有重要的影响。国际投资包括本国资本的对外投资和国外资本的直接投资两种形式，它们都会引起国内产业结构的变化。相对来说，外国直接投资对一个国家或地区产业结构的影响更为具体和直接，主要表现在三个方面：一是外资企业的产品品种、数量及质量等情况，会直接影响本国的产品结构，并通过影响需求结构带动供给结构与产业结构的变动；二是外资企业的产品供给会对本国中间产品的供求关系及最终产品的销售产生影响，从而间接影响国内产业结构的变化；三是外资企业的技术创新会形成引导和示范作用，在一定条件下还会产生知识外溢效应，从而发挥技术进步对产业结构的作用，进而影响城市化的发展。

3.2 产业结构演进与城市化的互动机制

在市场经济条件下，供求、价格与竞争机制相互影响、相互作用。生产要素适应市场需求的变化，遵循比较优势和利益最大化的原则进行配置。企业（包括外国企业）等市场主体平等竞争，优胜劣汰。政府对市场经济运行进行适当的干预。在这种制度背景下，产业结构演进与城市化发展具有内在的互动机制。

3.2.1 前提假设

为了从理论上探寻产业结构演进与城市化发展的内在互动机制，对二者互动发展的前提条件做出以下假设。

一是国民经济处于一定速度的增长之中。经济总量与经济结构存在着密切的关系：经济总量的增加会引起产业部门的扩张，促进经济结构的优化；反之，经济总量的下降会引起产业部门的收缩、经济结构的失调。基于世界经济增长的事实，本节将国民经济处于一定速度的增长作为研究的前提假设之一。二是市场与政府共同发挥作用。在产业结构演进与城市化发展中，单独的市场作用可能会导致市场失灵现象，需要政府发挥应有的作用。从经济实践来看，美国等国家依靠法律和制度进行干预，我国通过政府政策对调整产业结构与城市化的关系起到了很大的作用。因此，本节将市场机制与政府作用共同发挥作为研究的制度背景。三是经济主体的行动原则与三次产业的空间布局。在此，假设经济主体按照“利益最大化”的原则进行经济行为，而在进行决策时坚持“有限理性”原则更符合客观实际。同时，假设第一产业主要处于农村地区，而第二产业和第三产业则主要处于城市地区。

3.2.2 产业结构演进对城市化的作用机制

3.2.2.1 产业结构演进通过生产要素流动效应推动城市化发展

一般来说，生产要素包括劳动力、资本、土地、技术等，它们构成了发展生产必备的基本条件。生产要素的流动和转移受到多种因素的影响，其中最重要的因素是经济因素。在市场经济体制下，生产要素的投入和使用遵循利益最大化的原则。产业结构演进对生产要素流动具有重要的推动作用。

技术进步是促进产业结构演进的根本动力，它促进了新兴产品和新兴产业的出现，推动了生产要素由低劳动生产率部门向高劳动生产率部门的转移，实现了产业结构水平由低向高的发展。技术进步首先带动了需求结构的变化，导致人们对于不同商品的需求数量和需求结构出现差别。相对而言，需求增加较快的产业由于容易获得较高的商品价格，能够获得较高的附加价值，进而需求结构的变动又会影响供给结构的变动。供给结构会通过投入的潜在回报率来影响各种生产要素的投入方向和数量比例，最终影响到产业结构的演进。由于第二、第三产业通常拥有比第一产业更高的回报率，劳动力、资本、技术等生产要素会在利益的驱动下发生由第一产业向第二、第三产业的行业流动；第二、第三产业具有空间上集中布局的特点，会带动生产要素向具有区位优势的空间区域——城市流动和集聚，并与土地要素相结合，从而产生从事第二、第三产业生产、经营的经济组织——企业。因此，产业结构演进在促进生产要素流动的过程中推动了企业在城市的集聚。

在各种生产要素中，劳动力最具有特殊性。一方面，农业的剩余劳动力是构成城市经济生产必不可少的要素，另一方面，劳动力的拥有者及其家庭也是城市潜在的居民和消费者。农村剩余劳动力向城市转移的根本原因在于城乡之间的收入差距。农村剩余劳动力向城市的转移也带动了农村人口向城市的迁移，这种人口的迁移是逐渐完成的，先是一个家庭的少数劳动力到城市就业，后是夫妻双方共同到城市就业和生活，最后是包括孩子、父母在内的整个家庭迁入城市。因此，产业结构演进在促进生产要素流动的过程中也带动了人口向城市的转移和集聚。

企业和人口在城市的集聚促进了城市数量的增加、规模的扩大和功能区域的划分，推动了城市化的进程，带动了城市的发展。从历史的进程来看，西方国家在进行工业化的同时，企业和人口大量在城市集聚，促进了城市的数量和规模的快速增长。

生产要素的流动对于产业结构演进和城市化互动发展的作用是基础性的，但是不同要素具有不同的特点。相对来说，资本、劳动力要素的流动性较强，而土地的流动性最差。如果不同要素的流动速度和方向发生偏差，就可能影响产业结构与城市化的协调发展。虽然农村剩余劳动力的转移带动了农村人口的迁移，但是二者并不是同步进行的。如果向城市流动的劳动力不能顺利转变为城市人口，就既会影响城市规模的扩大和水平的提升，也会给城市发展带来一些不稳定的因素。因此，要实现产业结构演进与城市化的协调发展，既应该促进生产要素的有序流动，也要高度重视流动的劳动力转变为城市人口的问题。

3.2.2.2 产业结构演进通过产业关联效应推动城市化发展

产业结构的演进不是某个产业的单独发展，而是作为整体的各个组成部分的不同产业之间的相互作用和关联互动。不同产业之间存在着密切的产品劳务、生产技术、价格、劳动就业等联系，这种内在的产业关联决定了产业结构的演进具有整体性和有序性。产业结构演进是在产业关联效应下进行的，会通过这种关联效应促进城市结构和功能的完善。

根据克拉克定理、霍夫曼定理等理论，产业结构的演进一般遵循由“农业—轻工业—重化工业—加工工业—现代服务业”的发展顺序。在以农业为主导向以轻工业为主导的转变过程中，工业化进程开始，城市化进程加快。由于轻工业是以劳动密集型为主要特征的产业，能够吸纳大量的农村剩余劳动力就业，因此轻工业的发展带动了城市规模和人口数量的快速增加，与此相适应的生活服务业会得到较快的发展。在以重化工业为主导的经济发展阶段，由于主导产业具有资金密集型的特征，一方面其吸纳的劳动力数量较为有限，对就业的贡献偏小；另一方面，这些产业却能够创造更高的利润，从而显著提高居民的人均收入，带动消费水平的快速提高，引发相关的生产服务业的发展。在加工工业主导的发展阶段，由于主导产业是技术密集型产业和知识密集型产业，不仅能够促进技术进步和知识发展，而且能够带动信息、知识服务等相关第三产业的发展。随着工业化过程的完成，很多发达国家进入了后工业化阶段。在这一时期，虽然城市人口的增加变得缓慢，国民经济中第二产业的比重有所下降，但是第三产业得到了较快的发展，城市的基础设施和公共服务等部门更加完善，城市的功能也更加丰富。不同产业在城市的依次发展和逐步完善促进了城市结构的完善和功能的提升。因此，产业结构的演进可以通过产业关联效应促进城市结构、功能的完善，带动城市化的发展。

在产业结构演进通过产业关联效应促进城市结构、功能完善来推动城市化发展的过程中，也存在着不协调的可能性。发达国家的产业结构演进往往沿着“农业—轻工业—重化工业—加工工业—现代服务业”的一般发展顺序有序推进，因而其城市规模与水平的提升也往往是渐进和有序的。发展中国家的要素禀赋和基础条件不同，在国际分工中的地位也不同，其产业结构演进的顺序往往具有一定的跳跃性。这种跳跃性虽然在一定时期内能够加速其经济增长和结构变动，但是由于发展顺序的差异，有可能导致城市化发展过程中出现问题。有些发展中国家在没有充分工业化的基础上较快地发展第三产业，出现了过度城市化的问题；有些国家优先发展重工业，导致了人口城市化的进程落后于产业结构的发展，出现了滞后城市化的问题。

3.2.2.3　产业结构演进通过产业转移效应推进城市化发展

随着城市化的发展，在一些规模较大的城市，当企业和人口集聚到一定规模之后，就会出现交通拥堵、人口拥挤、成本提高等问题，造成企业的规模收益递减。在生产成本超过交易费用时，一些工业企业由于其产品具有较强的可流动性，出于降低成本、维护竞争优势的考虑就会选择向城市的边缘地区迁移；一些服务企业由于具有内在人口集聚的要求，会占据原有的工业企业的位置，依托良好的区位条件来发展。这就实现了城市内部不同产业空间位置的迁移。这种企业空间布局的变化也带动一部分劳动力及人口向郊区迁移，带来了城市的郊区化现象，促进城市规模的进一步扩大和空间结构的调整。

不仅同一城市内会发生产业的空间转移，而且在不同地区之间也会发生产业的转移，即所谓的产业“梯度转移”现象。随着经济的发展和技术的进步，一些发达城市中会逐渐产生一些新兴产业，其相对落后的企业为了竞争的需要会逐步向欠发达的中小城市甚至村镇转移。这一变化既带动了中小城市及农村地区的发展，又加强了中心城市与其周围城市之间的联系，带动了城市群的出现和发展，促进了城市化的进一步发展。

并不是产业转移一定能促进城市化的健康发展。在企业迁移的过程中，会出现较大的迁移成本，如果不能有效地获得更多的收益，就可能影响企业的效益，进而影响城市经济的发展。因此，企业的迁移在可能带来新的竞争优势的同时，也蕴藏着较大的风险。相对而言，如果产业转移是通过市场机制发生的，则比较容易平衡各方的利益。相反，如果这种迁移是通过非市场化的手段实现的，则有可能产生一些困难和问题。

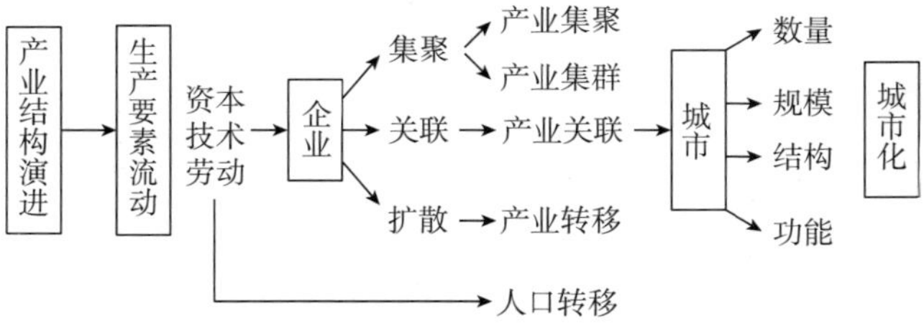

图 3-1　产业结构演进对城市化的作用机制

3.2.3　城市化对产业结构演进的作用机制

城市的本质是资源在空间的集聚。城市化既是产业结构推动的企业和人口集聚的产物，也会通过空间集聚效应反过来对产业结构的演进产生影响。这种影响可以表现在发挥产业集聚效应、改善要素供给、促进需求结构和提供公共服务等几个方面。

3.2.3.1　城市化通过产业集聚效应影响产业结构的演进

随着城市化的发展，城市的规模在不断扩大。在城市规模达到一定程度之前，城市的空间集聚效应能比较有效地促进产业结构的演进。一方面，产业集聚促进了同一行业企业的集中，既有利于通过竞争促进整个行业劳动生产率的发展，形成区域内具有比较优势的特色产业，也有利于发挥规模效应，促进行业的相关服务和配套设施的发展。另一方面，产业集群促进了不同类型企业的集中，有利于实现外部规模经济和外部范围经济，既加快了区域内企业的发展，又吸引了更多的企业及人才向该地区集聚。产业集聚在促进企业集聚的同时带动了人口的集聚，为城市的结构完善和功能提升提出了更高的要求，如住宅区的划分与建设、交通运输的规划与安排、商业区的布局与管理等，都会促进城市相关服务业的发展和完善。

此外，产业集聚能在很大程度上促进地方比较优势的提高，形成具有地方特色的优势、区位品牌，提高城市的竞争力。因此，产业集聚所在的区域能形成一个经济增长极，不仅可在全区域内有效吸收和利用资源，还可以对周边地区的发展发挥带动作用，从而促进产业结构在区域范围内的梯度转移和优化升级。

但是，企业和人口的区域集中仅仅是产业集聚的充分条件而不是必要条件。企业和人口的集中有可能带来集聚效应，也可能出现偏差。集聚效应的发挥需要具备一定的条件，是建立在完善的市场机制、良好的基础设施和公共服务等条件的基础上的。此外，在经济发展的不同阶段，增长极的“极化效应”和“回波效应”也存在着较大的差别。发达国家与发展中国家在发展条件和发展阶段方面存在着明显的差异，因而决定了各自在城市化进程中集聚效应的程度和水平也存在着较大的差异。

3.2.3.2 城市化通过改善要素供给结构支撑产业结构演进

产业结构演进需要一系列的供给要素的支撑，包括劳动力、资本、技术、土地等因素。城市化的发展既带来了城市中人口、企业和组织机构的集聚，又促进了城市规模、结构、功能的完善和居民的生产、生活方式及文明程度的提高。在城市的规模、质量和水平得到提升的基础上，城市的人口素质得到较快地改善和提升；在空间集聚的过程中，企业获得了规模效应、集聚效应等更多的收益，促进了资金的积累和技术的进步。城市在规模扩大的同时，服务业得到较快发展，实现了基础设施和公共服务体系的完善等。这些积极的变化能够通过改善供给结构来支撑产业结构演进。

在城市化初期，城市的规模较小，经济实力有限，城市功能也不完善。这一阶段，城市产业以劳动密集型的轻工业为主，劳动力主要来自农村的剩余劳动力，城市为产业结构演进提供的要素供给的数量和质量都是非常有限的。随着经济的发展和城市化水平的提高，城市的规模效益和集聚效益逐渐发挥作用，城市的功能不断地得到完善。一方面，城市经济的发展为吸引和容纳更多的农村剩余劳动力转移创造了条件；另一方面，随着在城市环境成长起来的劳动力的受教育程度和文化素质的明显提高，城市发展为产业结构演进提供了更高层次的劳动力供应。与此同时，得益于城市的集聚效益，企业的利润增加了，也促进了资本的积累，同时为由劳动密集型向资金密集型进而向技术密集型产业的转变提供了充足的资金支持，为产业结构实现由轻工业向重化工业再向加工工业及现代服务业的发展创造了条件。城市化不仅能为产业结构演进提供劳动力和资金，最为重要的是，随着城市化的持续推进，城市化对技术创新的作用也越来越显著。根据动态集聚效应理论，城市化的发展促进了分工的深化，营造了有利于知识外溢的环境，对于技术和人才的吸引力不断增强，使城市成为了技术创新的主要区域，城市的技术创新活动也越来越显著。据统计，1990～1999年，美国确认的581000项专利申请中有92%的专利与城市有关（易善策，2011）。

城市化通过改善供给结构来影响产业结构演进存在着多种可能性。如果出现城市劳动力供应大量增加，而教育、医疗、社会保障等公共服务供给不足，就可能影响劳动力素质的普遍提高。技术创新具有复杂的发生机制和条件，城市的空间集聚只是技术创新的一个必要条件，技术创新能力还与一个国家的教育、文化和经济体制有很大的关系，并不是所有城市的空间集聚都一定能带来技术的创新。

3.2.3.3 城市化通过提升需求结构支撑产业结构演进

从人口的角度来看，城市化就是非农业人口在城市集聚及其在总人口中的比重不断上升的过程。由于城市人口一般从事劳动生产率较高的第二、第三产业的生产，因此城市人口的人均可支配收入要明显高于农村人口。一般而言，在经济增长的前提下，随着城市化的发展，居民的人均收入水平会有较大的提高，城市居民家庭的消费需求总量会增加，消费需求结构也会发生变化，他们会增加对高质量的生活必需品、耐用消费品和劳务商品的需求，从而为农产品、工业品数量和质量的提高以及第三产业的发展提供了消费需求的动力。随着农村剩余劳动力向城市转移，一方面，他们的人均收入水平会增加，另一方面，在城市便捷的交通条件、良好的消费环境和城市文明的影响下，他们的消费习惯也会发生较大的变化，消费需求更加多样化。因此，城市居民的消费水平也会得到提高。此外，人口的增加和城市规模的扩大，带动了与生产、生活密切相关的住宅、供水、供电、供热、交通、通信等基础设施的需求。为了满足这些需求，就必须进行大规模的城市公共设施建设。这些公用基础设施的建设能够带来大量的投资而产生乘数效应，从而带动相关产业的发展，并通过产业之间上下游的关联效应带动产业结构的变动。

城市化通过影响需求结构带动产业结构演进也有很多的条件。首先，它建立在城市人口的收入在一定条件下增加而且消费也随之增加的情况下。如果城市人口的收入增长缓慢或者在收入增加的同时，其消费支出没有相应地增加，产业结构的演进就会缺乏需求动力。其次，城市基础设施建设的乘数效应是否有利于产业结构的升级取决于城市的规模与实际情况。对于达到一定规模的城市，进行相应规模的投资建设，有利于规模效应和集聚效应的发挥，也符合世界上大城市超先发展的趋势；对于一些规模较小的城市，如果盲目进行大规模的投资，既可能难以形成规模效应和集聚效应，也可能造成资源的巨大浪费。

3.2.3.4　城市化为产业结构的有序演进提供公共服务支持

城市公共服务的提供依靠的是公共产品的供给，也是政府的重要职能。城市公共服务主要包括城市基础设施建设如道路、公共交通、供电、供水等项目和公共服务设施如公园、绿地、教育、治安、消防等内容。城市公共服务对于企业生产和居民生活均具有非常重要的作用。企业的发展一方面需要通过生产、购买、销售与服务等活动与相关企业和消费者开展广泛的市场联系与合作，另一方面也需要通过产业集聚开展竞争、提高效率、加强合作、降低成本、增加收益。城市公共服务为企业的发展提供了必不可少的外部环境和条件。一方面，城市的基础设施为企业的发展提供了基本的道路交通、资源服务等硬件保障，有利于企业更好地开展生产和经营活动；另一方面，城市良好的公共服务为企业的发展提供了外部环境，有利于企业吸纳和集聚劳动力和人才等资源，公平地开展竞争与合作。城市公共服务水平的提高有利于改善和提高城市居民的生活质量和水平，既有利于城市人口素质的提高，也关系到城市居民的劳动效率和水平。因此，城市公共服务的规模与水平的提高对于企业生产的发展和居民生活的提高具有重要作用，也会对企业和居民的集聚产生较大的吸引力，并可以诱发技术创新效应和空间集聚效应，为产业结构实现由低层次向高层次的演进创造条件。

城市化通过公共服务支撑产业结构演进也具有不同的可能性。首先，由于公共物品的供给主要由政府承担，不同国家的财政状况不同，财政收入与支出的数量和方向也存在着较大的差别，因此可能造成公共物品供给的差异。其次，不同国家的人口数量及分布状况不同，也会对公共物品的供给造成影响。对于人口数量保持长期稳定的发达国家来说，公共物品的人均占有量会随着经济增长而出现稳中有升的情况。最后，对于人口增长率较高和城乡差距较大的发展中国家来说，人口的快速增长和迅速发展的城市化进程会对公共物品的供给产生较大的挑战。

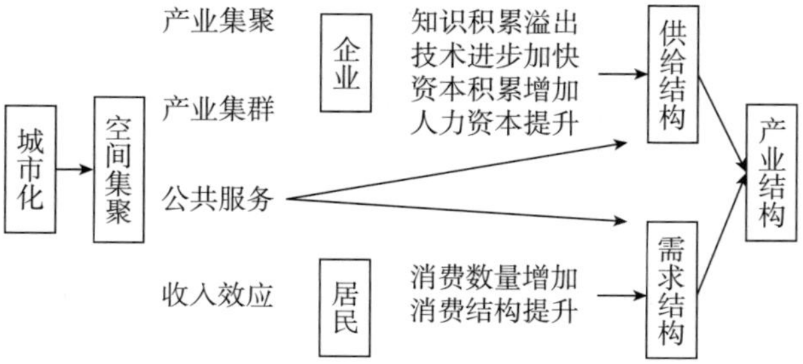

图 3-2　城市化对产业结构演进的作用机制

3.3　产业结构演进与城市化的互动作用

产业结构演进表现为第一产业、第二产业、第三产业在国民经济中的比重不断变化，并依次主导国民经济的过程。城市化则表现在第二、第三产业在比重上升的同时在城市空间区域上的集聚。因此，产业结构演进与城市化发展具有内在的相互影响、相互作用的关系：产业结构演进推动了城市化的发展，城市化的发展反过来也对产业结构演进产生了重要的影响。

3.3.1　第一产业与城市化的互动作用

农业作为人类历史上最早出现的产业，为城市化发展提供了前提条件，城市化反过来也对第一产业的发展产生了重要的影响。

3.3.1.1　第一产业对城市化的作用

在人类漫长的历史中，第一产业在经济中长期占据着主导地位。尽管城市化意味着经济发展的中心逐渐由乡村转向城市，但是农业的发展却为城市化发展提供了前提条件。农业是国民经济的基础产业。农业生产的特殊性在于，它能为社会全体成员提供粮食等生活必需品。因此，只有在农业生产足够保障全社会粮食等农产品供应的情况下，即存在着大量的农业剩余产品的条件下，才可能出现农业的剩余劳动力，也才可能促进非农产业的产生和发展。农业对城市化的作用可以从供给和需求两个方面表现出来。

（1）从供给方面来看，农业剩余对城市化产生了推动作用。农业生产的发展产生了农业剩余产品，主要表现在农产品的剩余、农业劳动力的剩余和农业资金的剩余。这些“农业剩余”为城市的发展创造了条件。首先，农业生产为城市工业和城市人口提供了生产和生活必需的农产品。城市人口一般从事非农产业的生产，但是仍然需要消费粮食等农产品，而且由于他们的收入水平较高，对农产品的数量和质量具有更高的要求；许多工业部门特别是轻工业部门的发展，需要直接以农业生产所提供的经济作物等作为生产的原料。因此，农业生产为城市工业发展提供了原料等生产必需品，为城市居民提供了粮食等生活必需品，保障了城市生产和生活的正常进行。其次，农业发展为城市工业发展提供了资金来源。城市工业的发展需要大量的资金投入，工业资本的最初积累来源于农业的剩余资金。这种资金来源有的是通过“圈地运动”等形式掠夺而来的，有的是通过农民进城创业等形式来实现的。最后，农业发展为城市经济的发展提供了充足的劳动力供应。城市经济的壮大和发展需要使用大量的从事非农产业的劳动力。随着农业技术和劳动生产率的提高，农业的生产力水平逐渐提高，产生了大量的农村剩余劳动力，这些剩余劳动力逐渐转移到城市，也为城市经济提供了充足的劳动力供应。

（2）从需求方面来看，农村为城市经济发展提供了消费市场。城市化发展需要广阔的城市经济产品的销售市场作为支撑。在城市化早期阶段，尽管农民收入有限，但是由于农村人口众多，因此广大的农村地区为城市工业产品的生产和销售提供了必要的消费市场。农村人口需要消费工业品来改善生活质量，农业生产也需要城市工业提供的生产工具和设备，这为城市工业的发展创造了消费需求，提供了广阔的市场，从而使城市生产能够持续顺利地进行。随着农业的发展和农村剩余劳动力的转移，农民的收入水平也在逐渐提高，他们对生产和生活消费必需品的数量和质量也会产生更高的要求，这进一步促进了城市经济的发展和产业结构的调整，推动城市化不断发展。

3.3.1.2 城市化对第一产业的作用

农业为城市化的发展提供了前提条件，城市化的发展反过来也会对第一产业的发展产生重要的影响。

（1）城市化促进农业规模化生产和经营。农业生产的基本生产资料是土地，而土地具有不可再生性，因此农业生产受土地规模的限制不能无限扩大。要提高农业生产的效率和质量，就必须推进农业的规模化经营。城市化能够促进农业的规模化生产和经营。首先，城市化能通过劳动力转移效应为农业的规模化经营提供必要的条件。城市化进程的推进带动了大量的农业剩余劳动力向城市转移。在农业生产规模不变的情况下，如果没有出现大量的农村人口的增长，劳动力的转移就会带来农业从业人员数量的减少，这为农业的规模化生产和经营创造了必要的条件。其次，城市化不仅创造了农业规模化生产和经营的可能性，还为其发展创造了现实的条件。随着城市的第二、第三产业的发展，它们能够为农业生产提供现代化的技术装备和先进的农业技术和知识服务，促进农业机械的使用和普及，提高农业生产的效率和水平，使农业规模化生产和经营得以实现。

（2）城市化促进农业产业化的发展。农业的产业化经营是现代农业的发展方向。它要求以城市为中心，周围的农业生产、经营与城市对农产品的市场需求有效衔接，从而形成生产、加工、销售、服务等环节的有机结合，既满足城市对农产品的较高需求，又能实现农业生产的发展和农民收入的提高。城市化发展能够为农业的产业化经营创造条件。一方面，城市的交通运输等基础设施的发展、农业产品市场的完善能够为农产品的运输和销售降低运输成本，减少交易费用；另一方面，城市的农业服务业、信息咨询和技术服务等行业的发展能够为农业生产提供技术支持和信息服务，从而提高农产品的科技含量，增强农业生产的市场导向，减少自发决策、盲目生产造成的农产品供求失衡，促进了农业产业化的发展。

（3）城市化推动农业内部结构升级。农业是农、林、牧、渔业的总称。随着经济的发展，农业的内部结构也会发生变动。城市化在城乡结构的转变过程中能够推动农业内部结构的升级。首先，城市劳动力由于从事效率更高的第二、第三产业的生产，能够获得比从事农业生产更高的收入。随着收入的增加，一方面，他们对于农产品消费的数量特别是质量会提出更高的要求，对粮食的消费需求稳中有降，对肉、蛋、奶等产品的需求会显著提升；另一方面，他们对于干净清洁的生活环境也提出了更高的要求。这种消费需求会通过市场联系影响农业的生产，促进农业中农、林、牧、渔业结构的调整和优化。其次，在城市化进程中，通过农业剩余劳动力的转移，通过政府对农业的财政支持，农民的收入水平得到提高，农业的生产条件得到改善，农业的科学技术水平逐步提升，农业生产效率也得到较大提高，这些条件使农业内部结构的优化得以实现。

3.3.2 第二产业与城市化的互动作用

在我国，第二产业是工业与建筑业的总称，而工业是第二产业的主要部分。因此，第二产业与城市化的关系主要表现为工业与城市化的互动关系。

3.3.2.1 第二产业对城市化的作用

尽管农业为城市化的发展提供了原始条件，但是真正意义上的城市化是工业化的产物。工业化是工业在国民经济中的产值和就业比重逐渐上升并发展为国民经济主导产业的过程。由于现代工业是以机器大工业为特征的规模化生产，具有内在的集聚生产经营的要求。因此，工业的发展推动了城市的发展，工业化是城市化发展的根本动力。

（1）工业化扩大了城市化的规模。第二产业与第一产业在生产上存在着明显的不同。农业生产是以土地这种不可再生的资源作为基本生产资料的，生产规模受到土地数量与特征的限制，不能无限地扩大，其生产的收益是递减的。现代工业生产是以机器大工业为特征的，使用的设备是可再生的资源，其生产、经营的规模可以随劳动力、资金等生产要素的增加和技术的进步而扩大，在一定规模的范围内其收益是递增的。因此，工业生产具有内在的规模效应的要求，能够推动生产要素的空间转移和集聚，促进城市化的发展。一方面，工业为农业发展提供了必备的生产工具、化肥、农药等技术装备和原料，在提高农业劳动生产率的同时，促进了农业剩余劳动力的转移，推进了城市人口的增加；另一方面，工业是一个门类众多的、大的生产体系，既包括简单的手工劳动岗位，也涵盖了高度科技化和自动化的行业，因而能够吸纳不同层次的劳动力就业，能够较为广泛地提供就业机会。大量的工业企业集聚在城市，既吸纳了大量的农业剩余劳动力，也促进了商品市场、生产要素市场的发育和完善，并为交通运输、供水、供电、住宅、商业区等相关的第三产业的发展创造了条件，推进了城市规模的扩大。

（2）工业化提升了城市化的水平。城市化的内涵不仅包括城市规模的扩大，而且还包括城市的结构、功能的完善和质量的提升，即要实现城市的现代化。城市的现代化离不开工业的现代化，工业化发展为城市的现代化提供了多种条件。首先，第二产业的发展生产出来大量的生产、生活所需要的工业产品，给城市发展提供了各种机器设备和物质产品，为城市化发展提供了技术支持和物质保障。其次，与第一、第三产业相比，工业创造产值的能力是最强的，因此数量众多的工业企业能够为城市发展提供充足的税收保障，为城市基础设施建设和公共服务发展提供了重要的资金支持。最后，在工业化进程中，产生了现代工业企业，出现了工业内部的结构优化，形成了企业的研究开发、生产运营、现代管理等方面的职能，这些变化促进了员工素质的提高，带动了城市居民的劳动技能、文化程度和文明素质的提高。

3.3.2.2 城市化对第二产业的作用

城市化是工业化的产物，反过来，城市化的发展通过资源和要素在空间上的集聚效应，能够为工业化的发展创造良好的环境和条件。

（1）城市化促进了第二产业生产效率和效益的提高。工业企业是建立在分工协作基础上的专业化、规模化的生产经营组织。与农业生产带有自给自足的性质不同，工业生产是建立在广泛外部联系基础上的开放的生产系统，一方面工业的发展需要来自本企业外部的原料、能源、生产工具、技术和信息服务等要素的参与，另一方面工业产品是为了满足市场需要而进行设计和生产的，也需要进行广泛的市场交换。这就使工业企业需要集中在一定的区位点上，既能够高效便捷地进行原料与产品的交通运输、物资储备、生产运作等活动，又方便处理与各个相关企业与组织的市场联系。城市化发展使城市具备了工业企业发展所需要的各种条件。城市规模的扩大、空间结构的调整和功能的完善及城市中第三产业的发展，能够为工业的发展提供充足的劳动力来源、开放而健全的市场体系、良好的基础设施条件和完善的公共服务环境。这些条件为工业的发展提供了良好的软硬件设施和配套的相关服务，便于工业企业提高生产效率和利润率，从而推动工业的发展。

（2）城市化促使第二产业优化升级。第二产业的发展不仅表现为规模的扩张上，而且还表现在技术水平和劳动生产率的提高即实现产业的优化升级上。城市化发展能够为第二产业的优化升级创造条件。一方面，城市化发展能为第二产业的发展提供空间集聚效应和外部经济效应，使同一产业或不同产业的工业企业在空间上聚集，有利于开展专业化的分工与协作，降低各企业的交易成本，提升各企业的生产经营收益，营造技术创新和知识外溢的氛围和环境。另一方面，城市化的发展会带动城市基础设施和公共服务的完善，促进第三产业的发展，为第二产业的发展创造良好的条件。良好的交通运输和通信条件有利于工业企业加强与国内外企业的联系与合作；金融机构集中分布于城市，会为工业企业的发展提供便利的资金帮助和支持；商业机构的广泛分布可以为工业企业生产的产品提供完善的销售网络；知识、技术和信息服务业能够为工业企业的发展提供专业知识、技术及信息的帮助与支持。城市空间集聚的平台和良好的公共服务也会吸引人才、技术等生产要素向城市集聚。城市化发展提供的这些条件，能够为第二产业特别是工业企业的发展创造良好的外部环境和外部条件，推动第二产业实现优化和升级。

3.3.3 第三产业与城市化的互动作用

3.3.3.1 第三产业对城市化的作用

在工业化初期，第二产业对城市化的发展发挥着主导作用，第三产业只起到辅助的作用。伴随着第三产业在国民经济中的比重逐步提高，它对城市化的推动作用日益显著。随着第三产业超过第二产业成为主导产业，它代替第二产业成为了推动城市化发展的主导力量。

（1）第三产业发展推动人口城市化的继续发展。与第一、第二产业相比，第三产业行业多、门类广，大多数属于劳动密集型和技术密集型产业，对就业人员的需求量大、层次较广。因此，第三产业对劳动力的吸纳能力要远远高于第一、第二产业，能够为城市发展创造更多的就业岗位。在工业化进程中，随着技术水平的提高，工业生产的自动化程度越来越高，对劳动力的吸纳作用越来越有限，第三产业会逐渐成长为国民经济中最大的部门，在吸引更多的劳动力向城市聚集的同时，也能促进农业人口向城市的转移，并推动人口城市化的进一步发展。

（2）第三产业发展促进城市集聚效应的实现。第三产业是各种服务业的总称，它的众多门类和行业与第二产业具有密切的产业关联，能够将城市的各种资源有效地整合在一起，促进城市集聚效应的发挥。交通运输业的发展能够解决工业企业发展的原料与产品的运输问题；信息通信业的发展促进了信息与知识资源在广阔空间范围的快速传播与共享；商业、维修业的发展为企业的产品构建了销售和售后服务的网络和体系；教育、文化、休闲娱乐业的发展促进了城市劳动力素质的提升；科学研究、技术咨询与服务行业的发展促进技术与知识的创新等。总之，第三产业的发展使城市集聚的要素和资源实现了分工与协作：一方面促进了生产的专业化程度和规模化程度的提高；另一方面促进了城市生产合作的深化与居民生活质量的提升，对城市集聚效应的发挥起到了重要的推动作用。

（3）第三产业发展促进了城市的扩散效应。根据增长极理论，城市作为一个区域的中心，会与周围的乡村地区相互影响、相互作用，发生“极化效应”和“扩散效应”。在城市化发展的初期，“极化效应”在城乡之间发挥着主要作用，资源和要素向区域的中心——城市流动。随着城市化的发展，特别是伴随着第三产业的发展，城市对周围地区的“扩散效应”逐渐发挥作用。第三产业的发展能够促进城市扩散效应的发挥。交通运输业和邮电通信业的发展为工业生产实现由城市向周围区域的转移创造了前提条件；金融服务业和信息产业的发展为城市经济的扩散提供了重要的保证。第三产业的发展程度越高，在国民经济中的比重越大，城市化的扩散效应所涉及的区域也就越大。当代发达国家由于进入了后工业化发展阶段，第三产业上升为国民经济的主导产业，因此其城市化的扩散效应表现得尤为明显，不仅出现了同一中心的郊区城市化现象，还出现了多个中心的城市带与城市群的局面。

3.3.3.2 城市化对第三产业的作用

第三产业促进了城市化发展，城市化发展反过来也为第三产业的发展提供了广阔的发展空间和巨大的需求市场。

（1）城市化为第三产业发展提供必要条件。与第一、第二产业从事物质产品的生产不同，第三产业提供的是服务产品，因而具有与第一、第二产业明显不同的产业属性。首先，第三产业提供的服务产品大多数具有不可储存性，其生产、交换与消费是同时进行的，因此，第三产业具有内在的集聚要求，需要依托一定的企业规模和人口规模才能够充分发展，并且对空间位置和资源与要素的流动性具有较高的要求。其次，从三次产业的关系角度看，第三产业由于属于服务业，需要依托第一、第二产业的物质产品的生产才能得到充分发展的条件。最后，从需求结构的角度看，人们只有在满足了较低层次的物质需求之后，在收入水平提高和消费层次改变的情况下才会产生较高层次的服务需求。

城市化满足了第三产业的产业属性，为第三产业的发展提供了必要的条件。首先，城市化的本质在于非农产业和人口的空间集聚。在城市发展的过程中，大量的企业和人口聚集到城市区域内，并形成了生产、生活区域交错分布的分布格局，为第三产业的发展提供了空间条件。其次，城市化规模和水平的提高带动了工业企业在一定条件下的集聚与扩散，对于生产性服务性的发展产生了内在的需求动力和资金支持。最后，城市化带动了城市居民收入水平和消费层次的提升，促进了城市居民的消费结构发生变化，也对第三产业的消费需求显著增加。因此，城市化发展为第三产业的发展提供了良好的空间场所和充足的需求动力，带动了第三产业的快速发展。

（2）城市化发展促进第三产业的自我完善。在城市化发展的初级阶段，受到工业整体发展程度不高、居民收入水平较低的影响，城市的第三产业处于从属地位，是作为城市的一个配套行业而存在的。随着城市化的持续发展，工业体系逐步完善，居民生活水平也不断提高，第三产业的规模和范围得到了不断的扩展，逐步走上自我发展、自我完善的道路。主要表现在服务的内容逐渐由低层次活动向高层次活动发展上，从最初的交通、餐饮、商贸、生活服务等传统产业，扩展到科技服务、信息咨询、金融等生产性服务业，以及更高层次的生活服务如文化娱乐、旅游、体育产业等。

第三产业中有很多行业具有较为明显的规模效应，如金融、法律服务、房地产、会计、保险、信息服务、文化教育、广播电视、文娱体育业等，需要在一定人口规模的城市中才能得到较大的发展空间。同时，第三产业中的生产性服务业也与一个城市的工业发展状况有密切的关系。因此，不同规模的城市会形成不同的产业布局，也会形成不同的第三产业状况。一般来说，在中小城市，受产业规模和人口规模的限制，第三产业的发展主要是以餐饮、交通运输、商业贸易等传统的服务业为主，这些城市的第三产业规模较小，往往低于第二产业的比重；在一些大中城市，第三产业的发展主要是由集聚效应、外部效应较强的科学技术研发、信息咨询服务、金融保险业等现代生产性服务业和高等教育、旅游服务等新兴服务业为主，这些城市的第三产业比重往往要大于第二产业的比重。这样就形成了不同城市之间第三产业的规模及产业结构状况的差异。这种状况既有利于第三产业的整体发展和产业结构的优化，也有利于促进城市之间的分工与协作，形成紧密联系、相互作用的城市带与城市群。

3.4 本章小结

本章基于“协调与否”取决于“互动状态”的理念，对产业结构演进与城市化互动发展的影响因素与实现机理进行总结和提炼。

产业结构演进与城市化的互动发展受到多种因素的影响，其中主要的影响因素可以概括为五种：技术进步、需求因素、供给因素、政府作用、国际贸易与国际投资。这些因素对于产业结构演进与城市化的互动发展具有不同的作用。在市场经济条件下，产业结构演进与城市化的互动发展具有内在的机制和路径。产业结构演进通过生产要素流动效应、产业关联效应、产业转移效应等路径推动城市化的发展；城市化对产业结构演进的影响表现在产业集聚效应、要素供给效应、需求拉动效应和公共服务效应等方面。产业结构演进与城市化发展的相互作用是通过三次产业关联互动实现的，由于三次产业的产业属性不同，它们与城市化的相互影响和相互作用具有不同的表现。农业为城市化发展提供了前提条件，第二产业和第三产业促进了城市化的发展；反过来，城市化水平的提高有利于促进农业现代化、工业现代化和服务业现代化的实现。

第 4 章　我国产业结构与城市化互动发展历程及国际借鉴

产业结构演进与城市化发展是经济发展中两个既重要又复杂的结构变动。由于二者的内在联系密切，影响因素较多，因而同一经济体在不同的历史时期其产业结构与城市化的互动发展往往会表现出不同的特点；不同的国家或地区由于具体条件不同，在二者的互动发展中也会表现出比较明显的差异性。本章研究我国产业结构与城市化互动发展的历程与国际借鉴。第 1 节主要研究改革开放前我国产业结构与城市化互动发展的历程；第 2 节主要研究改革开放后我国产业结构与城市化互动发展的历程；第 3 节主要分析美国、韩国、巴西等代表性国家的产业结构与城市化互动发展的情况，从中吸取经验和教训。

4.1　改革开放前我国产业结构与城市化互动发展历程

4.1.1　发展历程

新中国成立时，我国是一个典型的农业国家，国民经济以农业为主，城市化率仅为 10.6%。新中国成立后到改革开放前，由于我国的经济和社会发展不平稳，产业结构和城市化发展充满了波动和起伏，总体来说徘徊在较低水平。

4.1.1.1　“一五”计划时期，我国产业结构和城市化的变动情况

在经历了三年的国民经济恢复时期后，我国进入了“一五”计划时期（1953～1957 年）。这一时期，全国集中力量开展了以 156 个大型项目为中心的工业建设，推动了经济的快速增长。在此基础上，我国的产业结构也发生了明显变动（见表 4－1）。第一产业在国民经济中的产值比重由 1952 年的 51%逐渐下降到 1957 年的 40.6%，第二产业的产值比重不断上涨，从 1952 年的 20.9%提高到 1957 年的 29.6%，第三产业的产值比重相对变化较小。然而，在就业结构中，第二产业产值比重的增长并没有带来第二产业的就业比重的显著变化，第一产业的就业占比一直处于 80%以上。究其原因，是因为我国的工业建设是以优先发展重工业为目标的，而重工业属于资金密集型产业，对于劳动力的需求较为有限。

表 4－1　“一五”期间我国产业结构与城市化变动情况

年份	人均 GDP（元）	产值结构（%）			就业结构（%）			城市化率（%）
		一产产值占比	二产产值占比	三产产值占比	一产就业占比	二产就业占比	三产就业占比	
1952	119.4	51.0	20.9	28.2	83.5	7.4	9.1	12.5
1953	141.8	46.3	23.4	30.4	83.1	8	8.9	13.3
1954	144.4	46	24.6	29.3	83.1	8.6	8.2	13.7
1955	149.6	46.6	24.4	29	83.3	8.6	8.2	13.5
1956	165.6	43.5	27.3	29.2	80.6	10.7	8.7	14.6
1957	167.8	40.6	29.6	29.8	81.2	9	9.8	15.4
变动情况 1952～1957	48.4	－10.4	8.7	1.6	－2.3	1.6	0.7	2.9

资料来源：《新中国六十年统计资料汇编》。

这一时期，我国制定了“重点实施、稳步前进”的城市化战略。政府通过招工、招生和招兵等途径推动农村人口向城市的流动和转移。1949～1957 年，随着我国国民经济的恢复和第二产业的发展，我国的城市人口增加了 4184 万人，城市化率由 1949 年的 10.6%提高到 1957 年的 15.4%，城市总数增加了 40 个。这一阶段是我国改革开放前难得的城市化正常发展时期，但是由于受到重工业发

展战略和国家限制人口自由流动的户籍制度的影响，这一时期的城市化水平仍然在总体上落后于工业化的发展水平。

4.1.1.2 “大跃进”时期，我国产业结构和城市化的变动情况

在“大跃进”时期（1958～1960年），由于受到大炼钢铁和自然灾害的影响，我国农业的产值比重出现非正常的下降（见表4－2），由1957年的40.6%下降到1960年的23.6%；受钢铁行业迅猛发展的影响，第二产业在国民经济中的比重迅速增长，从1957年的29.6%提高到1960年的44.5%，带动了大量的农村劳动力进入城市，这3年城市人口新增了3124万人，城市化率猛升到19.7%，平均每年增长1.5%，城市总数增加了31个。由于城市人口和城市数量的急剧增加，城市的粮食供应出现了困难，交通、电力、供水、住房等基础设施也经受住了严峻的考验。这一阶段我国的第二产业比重和城市化率的快速增长是建立在经济畸形发展基础上的，不仅没有带来产业结构与城市化水平的协调发展，反而造成了产业结构的失衡和城市化发展难以持续的问题。

表4－2　1958～1960年我国产业结构与城市化变动情况

年份	人均GDP（元，当年价格）	产值结构（%）			就业结构（%）			城市化率（%）
		一产产值占比	二产产值占比	三产产值占比	一产就业占比	二产就业占比	三产就业占比	
1958	200.3	34.4	37	28.7	58.2	26.6	15.2	16.2
1959	216.3	26.9	42.7	30.4	62.2	20.6	17.2	18.4
1960	218.5	23.6	44.5	31.9	65.7	15.9	18.4	19.7
变动情况1958～1960	18.2	－10.8	7.5	3.2	7.5	－10.7	3.2	3.5

资料来源：《新中国六十年统计资料汇编》。

4.1.1.3 国民经济调整时期，我国产业结构和城市化的变动情况

在经济发展出现明显困难后，我国进入了国民经济调整时期（1961～1965年），实行了“调整、巩固、充实、提高”的方针。这一时期，我国对农业、轻

工业、重工业的比例进行了调整，优先恢复农业生产，农业在国民经济中的产值比重明显回升，第二产业的产值比重由44.5%回落到30%左右的水平。伴随着第二产业产值比重的下降，其就业比重也在快速下降（见表4-3）。第二产业就业比重的下降产生了大量的城镇富余劳动力，政府重新颁布了市镇设置标准，宣布“三年不搞城市规划”，并动员了2000多万城市人口转移到农村去参加农业生产。随着城市人口的减少，城市化率下降了1.3%，城市数量也减少了34座。在国民经济的调整取得了较好的效果后，从1963年起，我国工业的产值比重和就业比重都有所提高，城市化率也从1964年起出现了短暂的回升。

表4-3 1961~1965年我国产业结构与城市化变动情况

年份	人均GDP（元，当年价格）	产值结构（%）			就业结构（%）			城市化率（%）
		一产产值占比	二产产值占比	三产产值占比	一产就业占比	二产就业占比	三产就业占比	
1960	218.5	23.6	44.5	31.9	65.7	15.9	18.4	19.7
1961	184.9	36.5	31.9	31.7	77.2	11.2	11.7	19.3
1962	172.9	39.7	31.2	29.1	82.1	7.9	9.9	17.3
1963	181.2	40.6	33	26.4	82.5	7.7	9.9	16.8
1964	208.4	38.7	35.3	26	82.2	7.9	9.9	18.4
1965	240.1	38.3	35.1	26.7	81.6	8.4	10	18
变动情况 1961~1965	55.2	1.8	3.2	-5	4.4	-2.8	-1.7	-1.3

资料来源：《新中国六十年统计资料汇编》。

4.1.1.4 “文化大革命”时期，我国产业结构和城市化发展停滞不前

在“文化大革命”时期（1966~1976年），我国经济工作的重点转向了三线建设和国防建设，重工业化的倾向又非常明显地表现出来。10年间，第二产业产值比重提高了7.3%，就业比重也提高了5.7%，第三产业增长缓慢、比重变化很小，第一产业的产值比重和就业比重再次下降。由于重工业对劳动力的吸纳能力的限制，且三线建设中工业进山进洞、远离城市，又有3000多万城市知识青年和干部被下放到农村，城市化的发展受阻。从1966年到1978年的12年间，我国的城市人口仅增加了3932万人，城市化率基本上停滞不前（见表4-4）。

表 4-4　1966~1978 年我国产业结构与城市化变动情况

年份	人均 GDP（元，当年价格）	产值结构（%）			就业结构（%）			城市化率（%）
		一产产值占比	二产产值占比	三产产值占比	一产就业占比	二产就业占比	三产就业占比	
1966	254.7	37.8	37.9	24.3	81.5	8.7	9.8	17.9
1968	223.4	42.4	31.1	26.6	81.7	8.6	9.7	17.6
1970	276.3	35.4	40.3	24.3	80.8	10.2	9	17.4
1972	293.5	33	42.8	24.2	78.9	11.9	9.2	17.1
1974	311.4	34	42.5	23.5	78.2	12.6	9.2	17.2
1976	318.2	32.9	45.2	21.9	75.8	14.4	9.7	17.4
1977	341.4	29.5	46.9	23.6	74.5	14.8	10.7	17.6
1978	381.2	27.9	47.6	24.5	70.5	17.3	12.2	17.9
变动情况 1966~1976	63.5	-4.9	7.3	-2.4	-5.7	5.7	-0.1	-0.5

资料来源：《新中国六十年统计资料汇编》。

4.1.2 阶段特征

概括来说，改革开放以前，我国的产业结构与城市化的互动发展总体来说是不协调的，二者的互动关系存在着一定的问题，具体可以概括为以下几个特征（见图 4-1）。

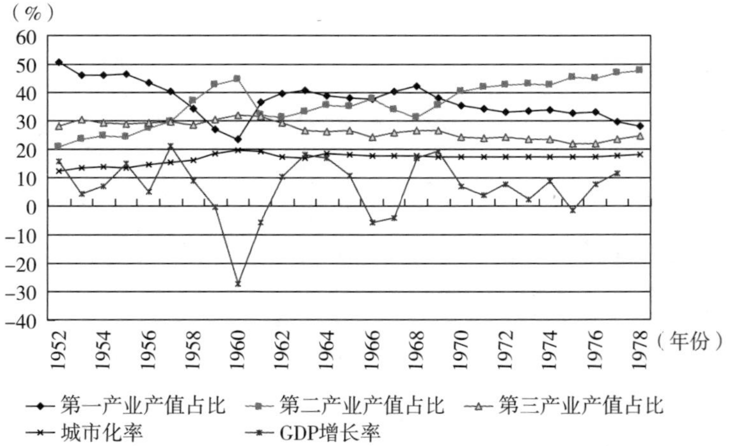

图 4-1　1952~1978 年我国产业结构与城市化演变情况

资料来源：《新中国六十年统计资料汇编》。

4.1.2.1 二者的互动发展是低水平的

从产业结构来看，农业在国民经济中的产值比重和就业比重偏高，工业的产值比重虽然较大，但是受到重工业优先发展的战略影响，造成工业对城市的就业贡献不足，第三产业比例长期保持在较低水平。与产业结构的状况相适应，我国的城市化率长期偏低，在10%~20%水平徘徊。

4.1.2.2 二者的互动发展表现出较大的波动性

改革开放前，我国的经济发展存在着较大的不稳定性，表现在经济增长速度时快时慢，三次产业的比例忽高忽低。经济增长速度最高的时候达到21.3%，最低的时候跌到-27.6%。与经济增长的剧烈波动相联系，我国的产业结构也不稳定，表现在农业与工业的比重变化很大，第三产业发展长期滞后。城市化率虽然也时高时低，但变化幅度较小，始终徘徊在10%~20%的水平。

4.1.2.3 二者的互动发展具有明显的不平衡性

改革开放前，我国的产业结构变动对城市化的影响较为明显，几乎每一次产业结构的调整都带动了城市化率的变动。但是，受重工业化及政府政策的影响，城市化落后于工业化，因此对产业结构的影响偏弱，更多地表现为对产业结构变动的单向适应。

4.1.3 原因探析

改革开放以前，我国产业结构与城市化的互动发展之所以出现上述的不协调问题，原因是多方面的，概括起来主要有以下几点原因。

4.1.3.1 二者的互动是在计划经济体制下进行的

新中国成立后，我国建立了高度集中的计划经济体制。在计划经济体制下，国家通过指令性计划和行政命令对经济资源和要素进行配置和使用，产业结构的演进与城市化发展是在政府的指令下进行的，且更多地受到政府政策的影响。这种体制虽然具有统一部署和安排的特点，但是却忽视了市场的作用，不能实现生产要素的自由流动和配置。而生产要素的自由流动和配置是产业结构与城市化互动发展的前提和基础。因此改革开放以前我国的产业结构与城市化发展存在着较多的不和谐问题。

4.1.3.2 二者的互动是在相对封闭的对外经济联系中进行的

新中国刚成立时，由于受到西方国家的敌视和封锁，我国主要采取独立自主、自力更生的原则来发展经济。虽然我国也与苏联和东欧等国家存在着一定的经贸往来，但对外贸易的程度和水平是非常低的。在封闭的环境下，我国的产业结构演变和城市化发展基本上都是依靠自己的力量来完成的，没有能够有效地利用国际资源和国际市场，也没有发挥国际贸易和国际投资对于产业结构与城市化互动发展的作用。

4.1.3.3 二者的互动是在复杂的国际国内环境中进行的

由于复杂的国际国内环境，在很长的一段时期内，我国没有能够集中力量从事经济建设，产业结构和城市化的演变往往受到了更多的非经济因素的影响，阻碍了二者的良性互动和协调发展。

4.2 改革开放后我国产业结构与城市化互动发展历程

4.2.1 发展历程

1978 年以后，我国把工作重心转移到经济建设上来，实行了以市场化为取向的改革开放，并调整了“重工业优先”的发展战略。在经济快速增长的基础上，我国的产业结构与城市化水平不断提高，二者的互动作用显著增强。

4.2.1.1　双轨制时期，我国产业结构与城市化恢复发展

从 1978 年起，我国开始实行改革开放。对内改革首先从农村起步，在推行家庭联产承包责任制的同时，开放了农业市场，农业在改革政策的作用下率先得到了较快发展。在产业结构的调整中，政府重视纠正国民经济中重工业比重过高的问题，强调优先发展轻工业，加强基础设施建设。从 1984 年开始，我国的城市改革起步，城市企业通过进行市场化的改革，增强了生产经营的自主性，提高了经济效益，相应的第二、第三产业得到了较快的发展。在对内改革的同时，我国在东南沿海地区率先实行对外开放，沿海地区的经济在积极利用国外资金和技术的过程中得到了迅速的发展。我国的产业结构开始从封闭型向开放型转变。这些措施推动了我国产业结构的优化升级。从 1978 年到 1992 年，我国第一产业产值比重下降了 6.5%，就业比重下降了 12%；第二产业产值比重下降了 4.6%，就业比重增加了 4.4%；第三产业产值比重增加了 11.1%，就业比重增加了 7.6%。这一时期，我国的人均 GDP 由 1978 年的 155.2 美元提高到 1992 年的 364.8 美元，产业结构呈现出良好的发展态势（见表 4－5）。

表 4－5　1978～1992 年我国产业结构和城市化变动情况

年份	人均 GDP（现价美元）	人均 GDP（2005 年不变价美元）	产值结构			就业结构			城镇	
			一产产值占比	二产产值占比	三产产值占比	一产就业占比	二产就业占比	三产就业占比	人口数（万人）	比重（%）
1978	155.2	195.2	27.9	47.6	24.5	70.5	17.3	12.2	17245	17.92
1980	193.3	220.7	29.9	47.9	22.2	68.7	18.2	13.1	19140	19.39
1984	248.9	305.5	31.8	42.8	25.5	64	19.9	16.1	24017	23.01
1988	282.1	442.3	25.4	43.4	31.2	59.3	22.4	18.3	28661	25.81
1990	316.2	464.9	26.7	40.9	32.4	60.1	21.4	18.5	30195	26.41
1992	364.8	565.6	21.4	43	35.6	58.5	21.7	19.8	32175	27.46
变动情况 1978～1992	209.6	370.4	－6.5	－4.6	11.1	－12	4.4	7.6	14930	9.54

资料来源：《新中国六十年统计资料汇编》《中国统计年鉴（2015）》。

在城市化方面，国家为了防止农业人口过快地转移到城市而给城市发展造成困难，于 1980 年提出了“控制大城市规模、合理发展中等城市、积极发展小城

市”的城市化方针，并鼓励在一些农村地区发展乡镇企业，实现农业剩余劳动力的就地转移。在产业结构演进的带动下，新型城镇和小城市首先在沿海地区快速发展。从 1978 年到 1992 年，我国新增城镇人口 6772 万人，城市化水平由 17.92% 提高到 27.46%，城市数量也由 193 个增加到 300 个。

4.2.1.2 社会主义市场经济初步建立时期，我国产业结构和城市化迅速发展

从 1992 年起，我国开始实行社会主义市场经济体制。市场经济体制的建立和完善，促进了生产要素的流动和转移，加快了产业结构演进与城市化发展的速度。在这一时期，国家先后出台了《关于加快发展第三产业的决定》和《90 年代国家产业政策纲要》等文件，积极推进产业结构的优化升级。在农业总产量大幅度提高的基础上，农业在国民经济中所占的比重逐渐降低，产值比重由 1992 年的 21.4% 下降到 2000 年的 14.7%，就业比重由 58.5% 下降到 50%；第二产业稳定增长，从 1992 ~2000 年，第二产业产值占比增加了 2.4%，就业比重增加了 0.8%，确保了我国经济的高速增长；第三产业呈现稳定上升的态势，产值占比提高了 4.2%，就业占比提高了 7.7%，并吸纳了大量的劳动力就业（见表 4 –6）。

表 4 –6　1992 ~2000 年我国产业结构和城市化变动情况

年份	人均 GDP（现价美元）	人均 GDP（2005 年不变价美元）	产值结构			就业结构			城镇	
			一产产值占比	二产产值占比	三产产值占比	一产就业占比	二产就业占比	三产就业占比	人口数（万人）	比重（%）
1992	364.8	565.6	21.4	43	35.6	58.5	21.7	19.8	32175	27.46
1994	471.8	712.3	19.5	46.1	34.4	54.3	22.7	23	34169	28.51
1995	607.6	782.1	19.7	46.7	33.7	52.2	23	24.8	35174	29.04
1996	707	850.8	19.4	47	33.6	50.5	23.5	26	37304	30.48
1998	825.5	982.5	17.2	45.7	37.1	49.8	23.5	26.7	41608	33.35
2000	954.6	1127.7	14.7	45.4	39.8	50	22.5	27.5	45906	36.22
变动情况 1992 ~2000	589.8	562.1	–6.7	2.4	4.2	–8.5	0.8	7.7	13731	8.76

资料来源：《新中国六十年统计资料汇编》《中国统计年鉴（2015）》。

在产业结构调整的同时，在沿海靠近大、中城市的地区，乡镇企业迅速发展并形成了大量的小城镇，促进了城市化水平的提高。1996年，我国的城市化率达到了30.48%，从此进入了国际公认的城市化快速发展阶段。2000年，我国的城镇人口总数为45906万人，城市化率达到了36.22%。总的来看，这一时期我国的产业结构和城市化呈现出快速发展的态势。

4.2.1.3　新世纪至今，产业结构和城市化稳步发展

2001年我国加入了世界贸易组织，产业结构受国际贸易与国际投资的影响程度进一步加大，经济增长的外贸依存度也显著提高。由于从20世纪90年代末起，我国宏观经济出现了总体供过于求的局面，国家的产业政策以产业结构调整为主要目标，主张走新型工业化道路，努力推动产业结构优化升级。从2001～2014年，我国的产业结构得到了进一步的优化。第一产业所占比重呈现大幅下降趋势，产值比重和就业比重分别下降了5.5%和20.5%；第二产业呈现稳定发展的趋势，产值比重下降2.7%，就业比重提高了7.4%；第三产业得到了较快发展，产值比重和就业比重分别提高了8.3%和13.1%。特别是从2012年开始，我国第三产业占GDP的比重超过了第二产业，标志着第三产业在国民经济中开始居于主导地位。这一变化意味着我国的产业结构进入了工业化后期的发展阶段（见表4-7）。

表4-7　2000～2014年我国产业结构和城市化变动情况

年份	人均GDP（现价美元）	人均GDP（2005年不变价美元）	产值结构			就业结构			城镇	
			一产产值占比	二产产值占比	三产产值占比	一产就业占比	二产就业占比	三产就业占比	人口数（万人）	比重（%）
2000	954.6	1127.7	14.7	45.4	39.8	50	22.5	27.5	45906	36.22
2005	1740.1	1740.1	11.7	46.9	41.4	44.8	23.8	31.4	56212	42.99
2010	4514.9	2891.1	9.6	46.2	44.2	36.7	28.7	34.6	66978	49.95
2011	5574.2	3150.2	9.5	46.1	44.3	34.8	29.5	35.7	69079	51.27
2012	6264.6	3377.8	9.5	45	45.5	33.6	30.3	36.1	71182	52.57
2013	6991.9	3619.4	9.4	43.7	46.9	31.4	30.1	38.5	73111	53.73
2014	7590	3862.9	9.2	42.7	48.1	29.5	29.9	40.6	74916	54.77
变动情况 2000～2014	6635.4	2735.2	-5.5	-2.7	8.3	-20.5	7.4	13.1	29010	18.55

资料来源：《中国城市统计年鉴（2014）》《中国统计年鉴（2015）》。

这一时期，在科学发展观的指导下，我国调整了城市化政策，制定了“大中小城市和小城镇协调发展”的方针，开始实行城乡统筹发展，城市化进程稳步推进，城市化率逐年提高。特别是在2011年，我国的城市化率达到了51.27%，标志着我国从此进入了城市主导的时代。到2014年底，全国城镇人口为74916万人，比1996年增加了37612万人，城镇人口比重达到了54.77%。截至2014年末，全国共有建制城市653座、地级市288个。在城市数量提高、规模扩大的同时，城市的公共基础设施建设也得到了较快的发展，城市的用水普及率、燃气普及率、人均道路面积等指标均达到了较高水平。这些成就说明我国城市化水平无论在数量上还是在质量上都得到了很大的提高。

表4-8　近年我国城市公共事业发展情况

项目	2005年	2010年	2013年	2014年
用水普及率（%）	91.09	96.68	97.56	97.6
燃气普及率（%）	82.08	92.04	94.25	94.6
每万人拥有公交车（标台）	8.62	11.2	12.8	13.0
人均道路面积（平方米）	10.92	13.21	14.87	15.3
污水处理率（%）	51.95	82.31	89.34	82.12
人均公园绿地面积（平方米）	7.89	11.18	12.64	13.1
每万人拥有公厕（座）	3.20	3.02	2.83	2.8

资料来源：《中国城市建设统计年鉴（2013）》《中国统计年鉴（2015）》。

4.2.2　阶段特征

总的来说，改革开放以后，我国的产业结构逐渐从严重失衡的状况向合理化的方向发展，城市化水平也得到大幅提升，两者的互动作用大大增强，具体可以概括为以下几个方面（见图4-2）。

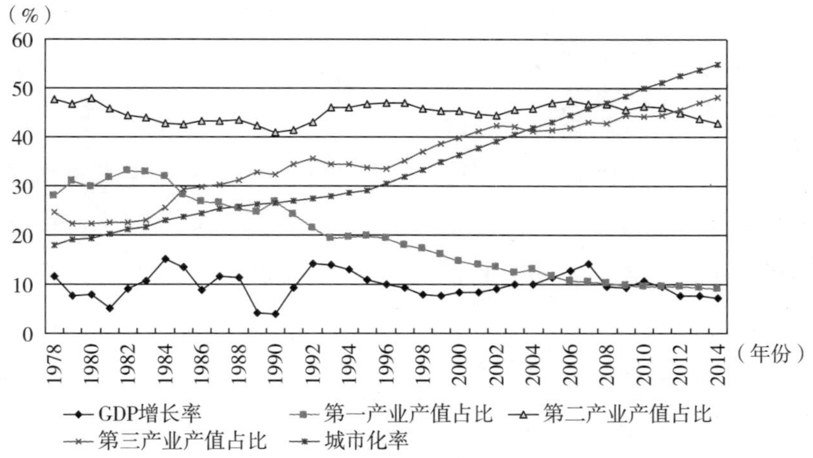

图 4-2 1978~2014 年我国产业结构与城市化演变情况

资料来源:《中国统计年鉴(2015)》。

4.2.2.1 二者的互动发展水平有了很大的提高

从 1978~2014 年，我国三次产业在 GDP 中所占比重的排序实现了由“二一三”到“二三一”到“三二一”的转变，从整体来看进入了工业化中后期的发展阶段。与此同时，城市化水平不断提高，1996 年的城市化率达到 30.48%，进入国际公认的城市化快速发展阶段；2011 年起城市化率超过 50%，进入了城市主导的时代。

4.2.2.2 二者的互动发展稳定性大为增强

改革开放以来，我国产业结构与城市化互动发展的稳定性明显增强。虽然 1984 年以前的农业有过短暂的上升，但是从 1984 年城市经济改革启动后，三次产业结构就沿着合理化的方向演进，表现在第一产业比重持续下降，第二产业基本稳定，第三产业快速发展。与此同时，我国的城市化率也呈现出先慢后快的发展态势，从 1996 年超过 30% 以后实现了快速增长。这一变化符合城市化发展阶段的规律。

4.2.2.3　二者的互动作用显著增强

与改革开放前我国城市化对产业结构的单向适应不同，改革开放后，我国的产业结构和城市化的互动性显著增强。虽然产业结构变动仍然对城市化起主要的推动作用，但是城市通过集聚生产要素，扩大消费需求，改善要素供给等方面对产业结构演进起到了重要的反作用，形成了一批有经济活力的城市及城市群，带动了产业结构的优化升级。

4.2.3　原因探析

改革开放以后，我国产业结构与城市化的互动发展之所以能够逐步实现由不协调向着有序、协调的方向发展，其原因是多方面的。概括起来，主要有以下几点原因。

4.2.3.1　二者的互动是在市场经济体制下进行的

1978 年以后，我国开始实行改革开放，市场化取向的改革激发了经济的活力。1992 年以后，我国开始实行社会主义市场经济体制。在社会主义市场经济条件下，市场对资源的配置起基础性作用，政府对经济进行宏观调控，生产要素自由流动，产业结构与城市化的互动机制充分发挥作用，促进了二者良性互动。

4.2.3.2　二者的互动是在对外开放的经济环境中进行的

1978 年以后，我国开始实行对外开放。在开放经济条件下，国际贸易与国际投资对产业结构与城市化的互动发展起到了重要的作用。我国充分利用了国际资金和技术，发挥了劳动力资源丰富的比较优势，在从沿海到内陆扩展的开放格局中推动了产业结构的优化升级和城市化的渐进发展。

4.2.3.3　二者的互动是在稳定的国际国内环境下进行的

改革开放以来，我国坚持以经济建设为中心，基本上没有发生过大规模的战争，国内保持了安定团结的政治局面，并与很多国家发展了良好的经济贸易往来。得益于良好的国际国内环境，我国的经济发展比较稳定，经济增长率常年保持在较高的水平，产业结构与城市化的互动也呈现良好的态势。

4.3　产业结构演进与城市化互动发展的国际借鉴

由于具体条件的差异，不同国家的产业结构演进与城市化发展呈现出不同的状况及特点。欧美发达国家走的是以工业化推动城市化、以城市化促进工业化的道路，实现了产业结构与城市化的良性互动和协调发展。在发展中国家中，拉美国家的城市化发展最为迅速，其产业结构演进水平落后于城市化发展水平；东亚新兴国家的城市化走的是重视工业化与城市化相一致的发展道路。在本节中，分别选取美国、韩国和巴西作为这三种类型国家的代表，分别对它们的产业结构与城市化互动发展的历程及特点进行简要的概括和分析。

4.3.1　美国产业结构与城市化互动发展历程

从 1776 年独立以来，美国的产业结构发生了巨大的变化。美国在 19 世纪完成了工业革命，在 20 世纪进入到后工业化阶段。与此同时，美国的城市由小城市发展到大城市最后发展为城市群，其城市化水平由 1790 年的 5.2% 提高到 2014 年的 81% 以上。美国的城市化发展内生于产业结构的演变，具有较强的代表性。

4.3.1.1　产业结构与城市化的初步发展阶段（1776 ~ 1830 年）

在独立之初，美国是一个典型的农业国家。独立战争后，美国开始以手工作坊的棉纺织业为主，逐渐建立起了木材业、制铁业和机器制造业等。但是到 1830 年，美国的产业结构仍然以农业为主导。

与此相适应，这一阶段美国的城市化水平也很低。1790 年美国联邦政府首次进行人口普查时，全国人口约有 390 万，其中农村人口约有 370 万，24 个城市

（2500人以上为标准）的人口仅占全国总人口的5.2%。到1830年，美国人口总数约为1300万，城市人口仅占总人口的8.8%，城市化发展仅处于起步阶段。

4.3.1.2 产业结构与城市化逐渐加速阶段（1830～1920年）

伴随着第一次工业革命和第二次产业革命的完成，美国的产业结构与城市化进程逐渐加快。到19世纪的中后期，随着新的生产技术和交通技术的开发利用，中小制造业和采矿业迅速发展，大量的农村人口进入城市并成为工业劳动力，城市人口与城市数量迅速增长，美国的城市化进入快速发展时期（见表4－9）。

表4－9 美国产业结构与城市化变动情况

年份	人均GDP（2005年不变价美元）	产值结构（%）			就业结构（%）			城市化率（%）
		农业占比	工业占比	服务业占比	农业占比	工业占比	服务业占比	
1860	—	40.8	16.2	43.0	57.0	18.0	24.9	19.8
1900	—	29.0	25.4	45.6	40.6	28.0	31.3	39.7
1920	—	21.0	32.0	47.0	30.6	31.7	37.7	51.2
1960	15482.7	4.0	38.0	58.0	7.0	34.0	59.0	70.0
1997	37228.8	1.4	24.0	74.6	2.7	24.0	73.3	76.1
2012	45008.6	1.4	20.5	78.1	1.6	13.8	84.6	81.1
城市化变动1860～1920	—	－19.8	15.8	4.0	－26.4	13.7	12.8	32.4
城市化变动1920～1960	—	－17.0	6.0	11.0	－23.6	2.3	21.3	18.7
城市化变动1960～2012	29525.9	－2.6	－17.5	20.1	－5.4	－20.2	25.6	11.1

资料来源：王章辉．欧美农村劳动力的转移与城市化［M］．北京：社会科学文献出版社，1999；黄少军．服务业与经济增长［M］．北京：经济科学出版社，2000．世界银行数据库，http：//data.worldbank.org.cn/indicator.

在1860年，美国农业的产值比重仍为40.8%，就业比重高达57.0%，仍然在国民经济中居于主导地位；工业的产值比重仅为16.2%，就业比重仅有

18.0%，服务业的产值比重虽然达到43.0%，但就业比重仅为24.9%。此时全国的总人口为3149万人，其中城市人口为620万人，城市人口占总人口的19.8%。到1920年，美国工业产值比重提高到32%，农业的产值比重下降到21.0%，工业产值比重超出农业比重11个百分点；工业的就业比重提高到31.7%，农业的就业比重则下降到30.6%，工业的就业比重超出农业比重1.1个百分点。服务业产值比重为47%，就业比重为37.7%。此时美国总人口约为10200万，城市人口占51.2%。总的来看，这一阶段是美国的工业化与城市化的互相促进、快速发展时期。

4.3.1.3 产业结构与城市化迅速发展阶段（1920~1960年）

1920~1960年，美国的工业化进入到中后期阶段，产业结构继续快速变动，美国农业的产值比重由21.0%下降到4.0%，下降了17.0%，就业比重由30.6%下降到7.0%，下降了23.6%。与农业相比，工业快速增长的趋势已明显减缓，工业产值比重由32.0%增加到38.0%，只提高了6.0%，就业比重由31.7%变为34.0%，增加了2.3%。与此同时，服务业的发展速度明显快于工业。服务业的产值比重由47.0%提高到58.0%，增加了11.0%；就业比重由37.7%提高到59.0%，增加了21.3%，服务业已成为国民经济中的主导力量。到1960年，美国总人口约为18067万，城市化率由1920年的51.2%提高到70%。

4.3.1.4 产业结构与城市化的进一步调整阶段（1960年至今）

1960年以后，美国的第三产业继续发展，传统工业的比重进一步下降，从事工农业生产的劳动力比例不断减少，服务业的就业人数逐渐增加。其中最为突出的表现是工业从业人员的比例下降，被称为“去工业化”（De - industrialization）现象（钟水映等，2003）。

从1960年到2012年，美国农业的产值比重由4.0%下降到1.4%，下降了2.6%，就业比重由7.0%下降到1.6%，下降了5.4%。工业进入迅速下降时期，工业产值比重由38.0%下降到20.5%，下降了17.5%，就业比重由34.0%下降到13.8%，下降了20.2%。而服务业进入快速增长时期，服务业的产值比重由58.0%提高到78.1%，上升了20.1%，就业比重由59.0%提高到84.6%，上升了25.6%。

与此同时，美国的城市化继续发展。2012年，美国总人口约为31411万，城市化率由1960年的70%提高到81.1%。伴随着科学技术发展带来的交通、通信的革命，美国进行了产业的升级和产业的再布局，产业活动及就业活动发生了明显的变化。美国大都市中心城区人口开始向郊区、卫星城和一些生活环境质量好的中小城市流动，出现了大都市区连绵带、大都市圈城市带。

4.3.2 韩国产业结构与城市化互动发展历程

韩国是"二战"以后崛起的东亚新兴国家的重要代表。在"二战"以前，韩国经济具有较为明显的殖民地经济的特征；朝鲜战争期间，韩国的经济也遭到了较为严重的破坏。从20世纪60年代起，韩国开始近现代意义上的工业化和城市化历程，在短短几十年内取得了经济发展、产业结构与城市化发展的巨大成就。

4.3.2.1 1960年以前的产业结构与城市化情况

1945年独立后，韩国开始由殖民地经济向独立经济的转变。但是，在朝鲜战争期间，韩国经济遭到较为严重的破坏。战后虽然经过了几年的恢复和调整，但是直到1960年，韩国的国民经济仍以农业为主，民族工业和基础工业都比较落后。1960年的人口普查显示，当时城市人口约占韩国总人口的27.7%。此时的人均GDP（2005年不变价美元）约为1107美元。

4.3.2.2 产业结构与城市化飞速发展阶段（1960～1988年）

20世纪90年代以前，韩国的经济发展经历了四次大的产业结构调整。第一次产业结构调整（1953～1961年）：以恢复经济和发展消费品进口替代工业为中心；第二次产业结构调整（1962～1971年）：以实施轻纺工业出口导向战略为中心；第三次产业结构调整（20世纪70年代）：以推行重化工业战略为中心；第四次产业结构调整（20世纪80年代至今）：以实现技术立国和经济稳定增长战略为中心。伴随着四次产业结构的调整，韩国完成了从农业国向工业国的转变，产业结构也发生了巨大的变化：农业的产值比重由 1960 年的 37.0% 下降到 1988 年的 9.9%，就业比重由 79.5% 下降到 20.7%，下降了 58.8%；工业的产值比重由 20% 上升到 38.4%，上升了 18.4%，就业比重由 5.8% 上升到 34.8%，上升了 29.0%；服务业的产值比重由 43.0% 上升到 51.7%，上升了 8.7%，就业比重由 14.7% 上升到 44.5%，上升了 29.8%（见表 4－10）。

表 4－10　韩国产业结构与城市化变动情况

年份	人均 GDP（2005 年不变价美元）	产值结构（%）			就业结构（%）			城市化率（%）
		农业占比	工业占比	服务业占比	农业占比	工业占比	服务业占比	
1960	1106.8	37	20	43	79.5	5.8	14.7	27.7
1970	1967.9	27.5	24.5	48	50.5	17.2	32.3	40.7
1980	3925.8	15.1	34.2	50.7	34	29	37	56.7
1988	7718	9.9	38.4	51.7	20.7	34.8	44.5	70.4
1990	8829.1	8.2	38.2	53.6	17.9	35.4	46.7	73.8
1995	12270.9	5.8	38.4	55.8	12.4	33.3	54.3	78.2
2000	15162.4	4.4	38.1	57.5	10.6	28.2	61.2	79.6
2005	18657.5	3.1	37.5	59.4	7.9	27	65.1	81.3
2013	23875.2	2.3	38.4	59.3	6.1	22.9	71	82.2
变动情况 1960～1988	6611.2	－27.1	18.4	8.7	－58.8	29	29.8	42.7
变动情况 1988～2013	16157.2	－7.6	0	7.6	－14.6	－11.9	26.5	11.8

资料来源：世界银行数据库，http：//data.worldbank.org.cn/indicator。

伴随着产业结构的调整，韩国实现了城市化进程快速推进。1960～1988 年，韩国城市化率由 27.7% 提高到了 70.4%，实现了高度城市化。这一时期，韩国的人均 GDP（2005 年不变价美元）由 1960 年的 1107 美元增加到 1988 年的 7718 美元，提高了 7 倍。

4.3.2.3　产业结构与城市化的进一步发展（1988 年至今）

1988 年以后，韩国政府为了实现技术立国的目标，继续进行经济内部调整和转型。随着产业结构的不断调整和优化，韩国农业的产值比重由 1988 年的 9.9% 下降到 2013 年的 2.3%，下降了 7.6%，就业比重由 20.7% 下降到 6.1%，下降了 14.6%；工业进入稳定时期，工业的产值比重变化较小，就业比重由 34.8% 下降到 22.9%，下降了 11.9%。与此同时，服务业进入快速发展时期，产值比重由 51.7% 提高到 59.3%，上升了 7.6%，就业比重由 44.5% 提高到 71.0%，上升了 26.5%。

1988 ~2013 年，韩国的城市化率由 70.4% 提高到 82.2%，提高了 11.8%。农村人口数量由 1244 万下降为 891 万。与此同时，韩国的人均 GDP（2005 年不变价美元）由 1988 年的 7718 美元增加到 2013 年的 23875 美元，提高了 3 倍。

总的来说，韩国的产业结构与城市化的互动发展取得了比较明显的成就。韩国在 1960 ~1988 年近 30 年内完成了发达国家用 100 年进行的产业结构与城市化的互动发展历程，实现了产业结构的优化和城市化的高度发展。韩国通过不同阶段的产业结构调整来促进经济发展，进而推进城市化发展的做法，对于我国城市化具有一定的借鉴意义。

4.3.3 巴西产业结构与城市化互动发展历程

巴西是发展中国家中经济较为发达的国家，也是拉美国家中面积、人口、经济规模和结构变动等方面比较有代表性的国家。从巴西产业结构与城市化的发展历程中，可以提取和发现拉美国家的一些共同特点。

4.3.3.1 1940 年以前产业结构与城市化的情况

巴西的现代化进程开始于 20 世纪 30 年代，在此之前巴西的工业化和城市化已经在东部沿海和东南部地区有所起步。从 20 世纪 30 年代起，巴西开始推行进口替代工业化发展战略，带动了城市化的迅速发展。

在 1940 年，服务业的产值比重占 54.2%，超出了农业的 21.4% 和工业的 24.4%。但服务业就业比重仅为 26%，远远低于农业的 60.0%。这表明巴西在城市化早期仍以农业为主，但是有比较发达的服务业。这一年，巴西的人口总数是 4132.6 万，城市人口有 1089.1 万，城市人口占 26.4%。

4.3.3.2　产业结构与城市化的高速变动阶段（1940～1990年）

1940～1970年，伴随着工业化的迅速发展，巴西的产业结构也发生了巨大变化。农业的产值比重由21.4%下降到10.0%，下降了11.4%，就业比重由60%下降到31.2%，下降了28.8%。工业产值比重增加了13.0%，就业比重增加了12.6%。服务业的产值比重下降了1.6%，就业比重上升了16.3%。在此期间，巴西的城市化飞速发展，城市化率由1940年的26.4%提高到1970年的55.8%，上升了29.4%（见表4-11）。

表4-11　巴西产业结构与城市化变动情况

年份	人均GDP（2005年不变价美元）	产值结构（%）			就业结构（%）			城市化率（%）
		农业占比	工业占比	服务业占比	农业占比	工业占比	服务业占比	
1940	—	21.4	24.4	54.2	60.0	14.0	26.0	26.4
1950	—	16.8	32.7	50.5	54	13	33	36
1960	1712.8	13.4	37.1	49.5	44	18	38	46.1
1970	2346.6	10.0	37.4	52.6	31.2	26.6	42.3	55.8
1986	4139.7	11.2	45.2	43.7	25.9	24.1	50.0	70.7
1990	3981.7	8.1	38.7	53.2	22.8	22.7	54.5	73.9
2000	4406.7	5.5	26.5	68.0	18.5	22.5	59.0	81.2
2013	5896.1	5.6	24.4	70.0	14.5	22.7	62.8	85.2
城市化变动1940～1970	—	-11.4	13	1.6	-28.8	12.6	16.3	29.45
城市化变动1970～1990	1635.1	-1.9	1.3	0.6	-8.4	-3.9	12.2	18.9
城市化变动1990～2013	1914.4	-2.5	-14.3	16.8	-8.3	0	8.3	11.3

资料来源：吴红英．巴西现代化进程透视［M］．北京：时事出版社，2001. 世界银行数据库，http：//data. worldbank. org. cn/indicator.

1970～1990年，巴西的产业结构继续变动。在此期间，农业产值比重下降了1.9%，工业产值比重提高了1.3%，服务业产值比重提高了0.6%。就业结构的变化较为显著，农业就业比重降低了8.4%，工业就业比重降低了3.9%；服务业就业比重上升了12.2%。同期，城市化加速发展，城市化率由55.8%提高到73.9%，上升了18.1%。

4.3.3.3 产业结构与城市化的进一步发展（1990年至今）

1990年以后，巴西的产业结构继续调整。农业的产值比重由8.1%下降到5.6%，下降了2.5%，就业比重由22.8%下降到14.5%，下降了8.3%。工业进入迅速下降时期，工业产值比重由38.7%下降到24.4%，下降了14.3%，就业比重没有变化。服务业进入快速增长时期，服务业的产值比重由53.2%提高到70.0%，上升了16.8%，就业比重由54.5%提高到62.8%，上升了8.3%。从1990年到2013年，巴西的城市化继续发展，城市化率由1990年的73.9%提高到85.2%。人均GDP（2005年不变价美元）由1990年的3981.9美元增长到5896.1美元。

总的来看，巴西的产业结构与城市化互动发展也取得了比较大的成绩，在1940~1990年50年内完成了发达国家用100年进行的产业结构与城市化的互动发展进程。在巴西城市化的中前期，工业发展迅速，产值比重和就业比重都有大幅提升，工业化对城市化具有明显的推动作用；在城市化加速发展的中后期，巴西三次产业产值结构的变动很小，说明其城市化水平虽然在继续提高，但产业结构优化的动力不足。虽然巴西的城市化率达到了很高的程度，但是城市化水平和产业结构发展不同步、不协调，城市人口过度集中于少数特大城市，出现了一系列问题：如农业发展滞后，城乡差距扩大，城镇居民失业率高，城市基础设施的承载力不足，环境污染严重，大城市交通拥挤、住房紧张、治安混乱等。这些问题已经成为制约巴西经济发展的严重障碍。

4.3.4 代表性国家产业结构与城市化互动发展的启示

从美国、韩国和巴西的产业结构和城市化的互动发展历程中，可以得到很多经验或教训，值得我国在实践中参考和借鉴。

4.3.4.1 产业结构的动态演变能够为城市化发展提供持久动力

重视发展农业，为城市化发展提供重要的物质资源和人力资源保障。对于处在工业化进程的国家而言，农业的支撑作用非常明显。美国在经济发展中形成了高度发达的现代化农业，有力地推动了农村劳动力向城市的顺利转移。而巴西在城市化进程中，较快地出现了大量的农村劳动力进入城市就业，既阻碍了农业现代化的发展，也给城市就业带来了巨大的压力，并造成了失业和贫困等社会问题。城市化并不是简单地降低农业人口率，而应该是建立在农业发展基础上的人口自然迁移。因此，在城市化进程中，要高度重视农业的发展，合理把握城市化推进的速度和质量。

工业化是城市化的根本动力，城市化是工业化的必然结果。美国高度重视工业化对城市化的推动作用，其产业的合理布局和升级带来了人口聚集和城市化的快速发展。韩国的四次产业结构调整迅速推进了工业化，提升了城市发展的长远竞争力。韩国以新型工业化带动新型城市化的发展，实现了工业化与城市化共同发展。而巴西的城市化因为种种原因过分依赖发展城市传统服务业，导致了城市化进程中一系列问题的出现。鉴于此，城市化应该与工业化的进程保持协调一致，才有利于实现经济与社会的协调发展。

重视第三产业的发展，实现三次产业的协调发展。在一个农业和工业的生产效率仍然较低的经济体中，第三产业过度增长虽然能加速城市化的进程，但是会妨碍经济发展，出现过度城市化。巴西的过度城市化致使城市人口失控，这与传统服务业的无序发展和恶性增长有着直接关系。因此，在城市化的过程中要统筹考虑三次产业的合理布局，促使三次产业的协调发展。

4.3.4.2 市场机制与政府干预共同发挥作用

单纯依赖市场机制，不利于产业结构调整和城市化发展。美国城市化发展主要依赖于市场机制的调节，城市空间结构的布局和城市规模、功能的发展都源于市场力量的推动，政府发挥的作用较小。因此，在美国城市化进程中，也曾出现过一些城乡发展与区域发展不协调的因素，比如大量的农村土地被侵占；城市化后期郊区发展迅猛，与中心城区开始恶性竞争等。单纯的市场作用也无法解决城市贫富悬殊问题，巴西城市化中出现巨大的贫富差距就是放任市场作用的结果。

合理化的政府决策是产业结构和城市化健康有序发展的重要条件。1960 年以后，美国通过在大城市的郊区建设小城市等政策大力推动城市的郊区化发展，进一步缩小了城乡差距，促进了大都市圈的形成。韩国制订了高标准的政府规划，强力推进实施，确保了产业结构和城市化的有序发展。

因此，在产业结构与城市化互动发展中，既要高度重视市场机制的作用，又要充分发挥政府应有的职能。

4.3.4.3　城市化发展需要高度重视城乡统筹问题

合理地进行城乡统筹，有利于城市化的发展。第二次世界大战以后，美国高度重视城乡统筹问题，它一方面大力发展农业机械化、扩大农场的经营规模，另一方面重视农民的职业技术教育，鼓励农民发展非农产业，同时加大对农民的直接经济补贴，重视农村的基础设施及教育、文化、卫生等社会事业建设，促进了农村发展，也缩小了城乡差距。

韩国在推进产业结构与城市化的互动发展时，重视城乡统筹发展。一是依靠政府行政力量推动农村资源整合，加快中心城镇建设，促进城乡基础设施建设和公共服务的对接；在新城市建设中，注意发挥地理优势，注重园林、绿化等硬件建设，努力营造舒适、整洁的生活环境。二是大力发展合作经济，加大对农民工的培训力度，引导农村劳动力有序地向城市转移，完善以工促农、以城带乡的保障机制，大量的公共资源在城乡之间进行合理配置，生产要素在城乡之间快速、自由地流动。这些措施推动了农村的现代化。

巴西在产业结构与城市化的互动发展过程中，一方面，工业化发展速度低于城市化发展速度，造成了城市化的过度发展，导致大量的农村劳动力进城后找不到工作。另一方面，巴西政府忽略了土地制度改革的重要性，使得城市的人口和土地都过于集中，导致了社会不公和城乡经济发展失衡的双重危机。巴西城市化过程中最突出的问题在于城市中出现了大量的贫民区，导致城市居民失业率偏高，这些贫民被排除在社区生活和正常社会管理之外，成为影响社会安定的危险因素，导致巴西未能实现统筹城乡发展。

4.4　本章小结

本章旨在考察国内外产业结构与城市化互动发展的历程，对我国和典型国家不同时期的产业结构与城市化互动发展状况和特点进行研究。

本章第 1、2 节对我国改革开放前后产业结构与城市化互动发展的历程进行了回顾和分析。总的来看，改革开放以前，我国产业结构与城市化的互动发展是低水平的、不稳定的和单向的；改革开放以后二者的互动发展具有水平提高、稳定性增强、互动性明显的特征。之所以存在这样的差异，主要原因在于改革开放前后我国实行了计划经济和市场经济两种不同的经济体制。在市场经济体制下，市场对资源的配置起基础性作用，政府对经济进行宏观调控，生产要素自由流动，产业结构与城市化的互动机制充分发挥作用，促进了二者的良性互动。因此，要实现我国产业结构与城市化的良性互动和协调发展，就必须要坚持和完善社会主义市场经济体制。从国际角度来看，产业结构与城市化的互动发展具有以下三种代表性的模式：一是欧美国家模式；二是东亚新兴国家模式；三是拉美国家模式。本章第 3 节分别选取美国、韩国、巴西作为这三种类型国家的代表，并通过对这些国家产业结构与城市化的互动发展历程进行回顾和总结，提炼出其中的经验和教训，为我国产业结构与城市化的互动发展提供借鉴和启示。

第 5 章　我国产业结构与城市化关联性分析

从理论上看，产业结构演进与城市化发展具有密切的关联性：产业结构演进推动城市化的发展，城市化水平的提高反过来又对产业结构演进产生重要的影响。第 4 章通过对我国产业结构与城市化互动发展的历程回顾，从定性分析的角度得出了我国改革开放以来产业结构与城市化逐渐实现了有序发展的结论。为了进一步检验和分析二者的关系，本章运用统计学和计量经济学的方法对我国产业结构与城市化的互动关系进行实证分析：第 1 节从统计学的角度对二者的关系进行静态的相关性分析；第 2 节运用向量自回归模型从动态的互动角度对二者的关系进行实证研究。

5.1　我国产业结构与城市化相关性分析

由于三次产业的产值结构、就业结构与城市化水平存在着密切的关联性，因此可以运用统计学的方法来研究它们之间的相互关系，从定量的角度来探讨我国产业结构与城市化的相关性。

5.1.1　方法的选取

皮尔逊（Pearson）相关系数是衡量两个变量的相关程度的重要指标，它的一般计算公式为：

$$r_{xy} = \frac{\sum (x_i - \bar{x})(y_i - \bar{y})}{\sqrt{\sum (x_i - \bar{x})^2 \sum (y_i - \bar{y})^2}} \qquad (5-1)$$

其中，r_{xy}表明了两个变量之间的密切联系程度。当 $r_{xy}=0$ 时，说明变量 x 的变化对变量 y 的变化没有影响；当 $0<r_{xy}<1$ 时，变量 x 的变动与变量 y 的变动呈正相关关系，且 r_{xy}的值越大，二者的相关程度越高；当 $-1<r_{xy}<0$ 时，变量 x 的变动与变量 y 的变动呈负相关关系，且 r_{xy}的值越小，二者的相关程度越高。

5.1.2　改革开放前我国产业结构与城市化相关性分析

5.1.2.1　相关系数计算

根据我国 1952～1977 年的三次产业的产值结构、就业结构及城市化水平的数据，可以计算出我国改革开放前三次产业的产值结构、就业结构与城市化水平的相关系数。所有的操作均使用 Stata12.0 进行，计算结果见表 5－1。

表 5－1　1952～1977 年我国产业结构与城市化水平的相关系数

产值结构	城市化率	就业结构	城市化率
一产产值比重	－0.7811	一产就业比重	－0.3695
二产产值比重	0.7346	二产就业比重	0.2715
三产产值比重	－0.2194	三产就业比重	0.4727

从表 5－1 可以看出，改革开放以前，从产值结构来看，我国的城市化水平与第一产业产值比重的相关系数为－0.7811，呈明显的负相关关系；与第二产业产值比重的相关系数为 0.7346，呈高度的正相关关系；与第三产业产值比重的相关系数为－0.2194，呈较小的负相关关系。从就业结构来看，城市化水平与第一产业就业比重的相关系数为－0.3695，呈较弱的负相关关系；与第二产业就业比重的相关系数为 0.2715，呈较弱的正相关关系；与第三产业产值比重的相关系数为 0.4727，呈中等程度的正相关关系。

5.1.2.2 结论与启示

分析计算结果，可以得出以下结论：首先，从第二产业的产值比重对城市化的贡献率大而就业比重对城市化的贡献率小来看，改革开放以前我国的产业结构确实存在着明显的重工业化倾向。其次，从三次产业的产值结构与城市化率的关联度高，而三次产业的就业结构与城市化率的关联度低来看，说明我国存在着限制人口向城市流动的政策，因而造成了在就业结构与产值结构存在着明显的偏差，城市化水平滞后于工业化的发展。

研究结果说明，改革开放以前我国的产业结构与城市化水平的确存在着较大的偏差，由此出现了畸形发展和结构失调的情况。究其原因，很大程度上与重工业优先发展的战略和限制城市人口增长的政策有很大的关系。

5.1.3 改革开放后我国产业结构与城市化相关性分析

5.1.3.1 相关系数的计算

根据我国 1978 ~2014 年的三次产业的产值结构、就业结构及城市化水平的数据，可以计算出我国改革开放后三次产业的产值结构、就业结构与城市化水平的相关系数。所有操作均使用 Stata12.0 进行，计算结果见表 5 -2。

表 5 -2 1978 ~2014 年我国产业结构与城市化水平的相关系数

产值结构	城市化率	就业结构	城市化率
一产产值占比	-0.9464	一产就业占比	-0.9822
二产产值占比	0.1518	二产就业占比	0.9206
三产产值占比	0.9501	三产就业占比	0.9832

从表 5 -2 可以看出，改革开放以来，从产值结构来看，我国的城市化水平与第一产业产值比重的相关系数为 -0.9464，呈明显的负相关关系；与第二产业产值比重的相关系数为 0.1518，呈较低的正相关关系；与第三产业产值比重的相

关系数为0.9501，呈明显的正相关关系。从就业结构来看，我国的城市化水平与第一产业就业比重的相关系数为-0.9822，呈明显的负相关关系；与第二产业就业比重的相关系数为0.9206，呈明显的正相关关系；与第三产业产值比重的相关系数为0.9832，呈明显的正相关关系。

5.1.3.2 结论与启示

根据库兹涅茨定理，一般而言，产业结构演进中第二、第三产业的产值比重与就业比重逐渐上升是一般规律，而第二、第三产业比重上升的过程一般也是城市化发展的过程，因此第二、第三产业的产值比重和就业比重应该与城市化水平呈高度的正相关，而第一产业的产值比重和就业比重应该与城市化水平呈高度的负相关。

分析计算结果，可以得到以下的结论：首先，改革开放以来，从产值结构来看，我国第一产业与城市化呈高度的负相关，第三产业与城市化呈高度的正相关，第二产业与城市化呈较低的正相关。表面上看似乎第二产业的贡献较小，实际上由于改革开放以前，我国存在着重工业超前发展，第二产业产值比重明显偏高的实际情况，因此第二产业产值比重与城市化水平的关联程度不高恰恰反映了改革开放以来我国的产业结构在不断调整中逐渐摆脱严重失衡状况、渐趋合理的事实。其次，从就业结构来看，第一产业的就业比重与城市化呈较高的负相关，第二、第三产业的就业比重与城市化呈较高的正相关。这一统计结果与经典理论相一致，说明在我国农业就业比重下降的同时有大量的农村剩余劳动力转移到城市中从事第二、第三产业的生产，既给第二、第三产业增加了劳动力的供应，也带动了人口向城市的转移和集聚，促进了城市化的发展。因此，相关性分析证明了改革开放以来我国产业结构和城市化的发展呈现出逐渐趋于有序稳定的情况。

综上所述，我国的产业结构与城市化相关系数的分析不仅验证了产业结构理论中产业结构与城市化发展的变动趋势，而且从实践上证明了我国改革开放前后产业结构和城市化的互动情况存在着较大差异的事实。

5.2 我国产业结构与城市化动态关系研究

相关性分析从静态的角度表明了我国产业结构与城市化的密切关系。为了从动态角度对我国产业结构与城市化的互动关系做进一步的研究，本节运用向量自回归模型，对改革开放以来我国产业结构与城市化的动态关系进行实证分析。

5.2.1 模型的选取

向量自回归（Vector Auto – Regression，VAR）模型是20世纪80年代出现的一种新型计量经济学建模技术，它是从数据出发建立的一组相互联系的方程，避免了单方程计量经济模型不能描述变量之间相互影响关系的缺陷，因此它通常用于研究相互联系的时间序列变量之间的动态变化规律。

最一般的不含外生变量的VAR（p）模型的数学形式如下：

$$Y_t = \alpha + \varphi_1 Y_{t-1} + \varphi_2 Y_{t-2} + \cdots + \varphi_P Y_{t-p} + \varepsilon_t \tag{5-2}$$

其中，Y_t 是 m 维变量序列；φ_i（$i=1$，…，p）是待估的参数矩阵，ε_t 为随机扰动项，p 为最大滞后期。VAR模型要求序列是平稳的，如果序列不平稳，不能直接建立，可以运用差分平稳的序列建立VAR模型。①

5.2.2 数据来源及处理

本节的研究目的是对我国产业结构演进与城市化之间的互动关系进行实证研究。由于改革开放以来，我国的产业结构演进与城市化发展才真正开始了生产要素流动基础上的互动，因此本章选取我国1978～2014年的年度数据作为研究样本，数据来源于历年的《中国统计年鉴》。

① 易丹辉．时间序列分析——方法与应用［M］．北京：中国人民大学出版社，2011.

5.2.2.1　反映产业结构演进的指标

产业结构演进表现为三次产业数量、比例的变化。本节选取我国三次产业的年度增加值作为衡量产业结构演进的基本指标，并将它们依次命名为 G1、G2 和 G3。因为三次产业的产值结构是产业结构的主要指标，所以通过 G1、G2 和 G3 的数量、比例及相互关系就能够反映我国产业结构的演进状况。为了消除价格水平对计量结果的影响，以 1978 年的价格水平为标准，将不同年份的三次产业的增加值折算为以 1978 年不变价格衡量的增加值，换算公式为：

$$G_{it} = G_{i1978} \times \frac{GDPI_i}{GDPI_{1978}},\ i = 1,\ 2,\ 3 \tag{5-3}$$

其中，i 代表第 i 产业；t 代表时间，以年为单位；$GDPI_t$ 为第 t 年的以 1978 年为不变价格的 GDP 指数。

5.2.2.2　反映城市化水平的指标

城市化水平反映在人口、企业等资源在城乡之间的分布与集中状况。本节选取城市人口占总人口的比例即城市化率（Urbanization Rate）作为衡量城市化水平的指标，并将其命名为 UR。这一指标也是目前国际通用的最常使用的衡量城市化水平的指标。

为了避免数据异方差性对实证研究的影响，本节通过对原始数据取对数来消除可能存在的异方差，取对数不会改变原始数据序列原有的趋势，对数序列分别表示为 lnG1、lnG2、lnG3 和 lnUR。本节所有的数据处理均使用 Stata12.0 进行。

5.2.3　VAR 模型实证分析

5.2.3.1　平稳性检验

为了避免所采用的时间序列数据不平稳而出现“伪回归问题”，在构建 VAR 模型之前需要对各时间序列的数据进行平稳性检验。本章采用 ADF 单位根检验法对原时间序列即水平序列的数据进行平稳性检验，检验结果见表 5-3。

表 5 - 3　水平序列的 ADF 检验结果

变量	检验类型	ADF 检验值	1% 水平下的临界值	5% 水平下的临界值	10% 水平下的临界值	结论
lnG1	(C, T, 1)	-2.440	-4.288	-3.560	-3.216	不平稳
lnG2	(C, T, 1)	-3.848	-4.288	-3.560	-3.216	平稳
lnG3	(C, T, 1)	-2.772	-4.288	-3.560	-3.216	不平稳
lnUR	(C, T, 1)	-1.521	-4.288	-3.560	-3.216	不平稳

注：检验类型中的 C、T、P 分别表示单位根平稳性检验中的常数项、时间趋势项和滞后阶数。

通过表 5 - 3 可以看出，在 5% 的显著性水平下，只有 lnG2 通过了单位根检验，而变量 lnG1、lnG3 和 lnUR 在 5% 的显著性水平下均没有通过检验，也就是说原水平序列是不平稳的。因此，需要对原水平序列进行一阶差分处理后，再对差分序列进行 ADF 单位根检验，检验结果如表 5 - 4 所示。

表 5 - 4　一阶差分序列的 ADF 检验结果

变量	检验类型	ADF 检验值	1% 水平下的临界值	5% 水平下的临界值	10% 水平下的临界值	结论
DlnG1	(C, N, 1)	-3.770	-3.689	-2.975	-2.619	平稳
DlnG2	(C, N, 1)	-3.653	-3.689	-2.975	-2.619	平稳
DlnG3	(C, N, 1)	-4.045	-3.689	-2.975	-2.619	平稳
DlnUR	(C, N, 1)	-3.199	-3.689	-2.975	-2.619	平稳

注：检验类型中的 C、T、P 分别表示单位根平稳性检验中的常数项、时间趋势项和滞后阶数，D 表示原序列对数的一阶差分。

通过表 5 - 4 可以看到，在 5% 的显著性水平下，经过一阶差分处理的变量 DlnG1、DlnG2、DlnG3 和 DlnUR 均通过了单位根检验，所以原水平序列是一阶单整的，符合建立 VAR 模型的条件，可以在差分序列的基础上建立 VAR 模型。

5.2.3.2　VAR 模型的建立及稳定性检验

在建立 VAR 模型之前，确定最优滞后期 p 是非常重要的。因为如果最优滞后期取值不当会直接影响模型的准确性和计量的效果。对滞后阶数的选择有多种判断准则，其中包括 LR 统计量、赤地信息准则 AIC 以及施瓦茨准则 SBIC 等，一般的判断准则是 ACI 或 SBIC 值越小原则。本章采用 Stata12.0 软件来确定最优滞后期，结果见表 5 - 5。

表 5 – 5 VAR 模型的最优滞后期检验结果

lag	LL	LR	df	p	FPE	AIC	HQIC	SBIC
0	258.266				1.5e – 12	– 15.8916	– 15.8309 *	– 15.7084 *
1	273.479	30.427	16	0.016	1.6e – 12	– 15.8425	– 15.5388	– 14.9264
2	286.516	26.073	16	0.053	2.0e – 12	– 15.6572	– 15.1107	– 14.0083
3	301.033	29.035	16	0.024	2.5e – 12	– 15.5646	– 14.7751	– 13.1828
4	330.108	58.149 *	16	0.000	1.5e – 12 *	– 16.3817 *	– 15.3493	– 13.267

从表 5 – 5 来看，AIC 和 SBIC 的值不能同时达到最小，此时我们选择显著性变量最多对应的那个阶数作为 VAR 模型的最优滞后阶数。因此，我们选择 4 作为最优滞后阶数，并基于检验结果构建 VAR（4）模型。根据 Stata12.0 可以得到 VAR 模式的方程：

$$Y_t = \begin{bmatrix} 0.031 \\ 0.086 \\ 0.052 \\ 0.018 \end{bmatrix} + \begin{bmatrix} -0.02 & 0.15 & 0.17 & -0.19 \\ 0.32 & 0.09 & 0.06 & -0.15 \\ -0.29 & 0.01 & 0.47 & -0.23 \\ 0.62 & 0.21 & -0.66 & -0.45 \end{bmatrix} Y_{t-1} + \begin{bmatrix} 0.19 & -0.34 & 0.23 & -0.44 \\ 1.02 & -1.06 & 0.44 & -0.19 \\ 0.48 & -0.32 & 0.52 & -0.31 \\ -0.20 & 0.01 & -0.30 & -0.62 \end{bmatrix} Y_{t-2} + \begin{bmatrix} 0.35 & 0.04 & 0.46 & -0.02 \\ 0.44 & -0.43 & -0.11 & -0.13 \\ 0.26 & -0.42 & 0.35 & -0.08 \\ 0.39 & 0.24 & 0.60 & -0.37 \end{bmatrix}$$

$$Y_{t-3} + \begin{bmatrix} -0.01 & -0.14 & 0.07 & 0.08 \\ 0.16 & -0.06 & 0.04 & 0.18 \\ 0.07 & -0.20 & -0.04 & -0.17 \\ -0.35 & 0.35 & 0.57 & 0.05 \end{bmatrix} Y_{t-4} + \begin{bmatrix} \varepsilon_{1t} \\ \varepsilon_{2t} \\ \varepsilon_{3t} \\ \varepsilon_{4t} \end{bmatrix} \tag{5-4}$$

其中，$Y_{t-i} = \begin{bmatrix} DLnG1_{t-i} \\ DLnG2_{t-i} \\ DLnG3_{t-i} \\ DLnR_{t-i} \end{bmatrix} i = 1,2,3,4$

在估计完模型之后，我们通过 AR 根图来对 VAR 模型的稳定性进行检验。如图 5 – 1 所示，所有方程根的倒数均位于单位圆内，模型整体具有稳定性。

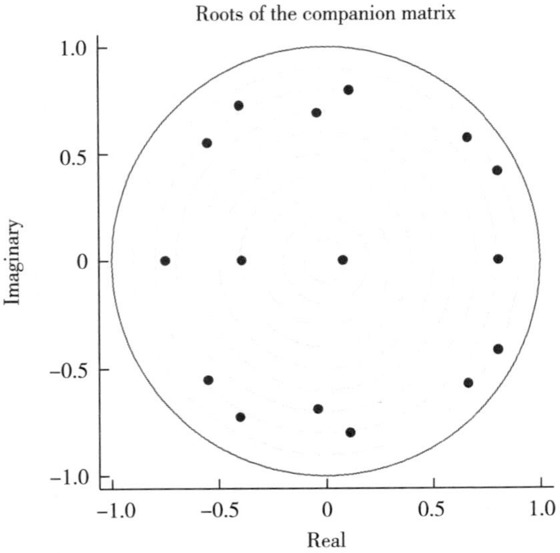

图 5－1 VAR 模型的 AR 根

5.2.3.3 Johansen 协整检验

由于水平序列是不平稳的，因此需要通过协整检验来考察变量之间是否存在稳定的长期均衡关系。本章通过 Johansen 检验方法来进行协整检验，检验的结果见表 5－6。

表 5－6 Johansen 协整检验结果

Maximum rank	parms	LL	eigenvalue	Trace statistic	5% critical value
0	36	280.80872	.	53.9180	47.21
1	43	296.03328	0.60256	23.4689*	29.68
2	48	302.07166	0.30647	11.3922	15.41
3	51	305.71125	0.19795	4.1130	3.76
4	52	307.76774	0.11718		

通过表 5－6 可以看出，在 rank＝0 时，迹统计量的值大于 5% 显著性水平的临界值，应该拒绝不存在协整关系的原假设；在 rank＝1 时，迹统计量的值小于 5% 显著性水平的临界值，应该接受不存在协整关系的原假设。综合起来，可以判断协

整关系的个数为1。因此，VAR（4）模型的变量序列之间存在着长期的协整关系。

5.2.3.4　格兰杰因果关系检验

格兰杰因果关系检验是由经济学家格兰杰提出的通过时间序列的过去值来预测未来值的一种方法，它可以用来检验经济变量是否在数据上存在因果关系。需要说明的是，格兰杰因果关系并不是真正意义上的因果关系，而是变量之间在数据上的动态相关关系，但它可以表明一个变量是否对另一变量有“预测能力”。

由于VAR（4）模型是平稳的，具备Granger因果关系检验的条件，因此可以对模型中的变量进行格兰杰因果关系检验，检验结果如表5－7所示。

表5－7　格兰杰因果关系检验结果

Equation	Excluded	chi2	df	Prob > chi2
DlnG1	DlnG2	4.3436	4	0.362
DlnG1	DlnG3	10.388	4	0.034
DlnG1	DlnUR	3.218	4	0.522
DlnG1	ALL	19.964	12	0.068
DlnG2	DlnG1	25.766	4	0.000
DlnG2	DlnG3	28.207	4	0.000
DlnG2	DlnUR	12.652	4	0.013
DlnG2	ALL	45.423	12	0.000
DlnG3	DlnG1	24.057	4	0.000
DlnG3	DlnG2	14.423	4	0.006
DlnG3	DlnUR	10.388	4	0.034
DlnG3	ALL	40.581	12	0.000
DlnUR	DlnG1	10.569	4	0.032
DlnUR	DlnG2	11.926	4	0.018
DlnUR	DlnG3	24.352	4	0.000
DlnUR	ALL	39.098	12	0.000

通过表5－7可以看出，在显著性水平为5%的条件下，我国的第一产业是第三产业的格兰杰原因，第二产业是第一、第三产业发展和城市化的格兰杰原因，

第三产业是第一产业、第二产业和城市化发展的格兰杰原因，城市化发展是第一、第二、第三产业的格兰杰原因。

格兰杰因果关系的检验结果说明，我国的产业结构演进和城市化具有明显的互动关系。第二、第三产业推动了城市化的发展，城市化反过来推动了第一、第二、第三产业的发展。至于第一产业没有成为我国城市化的格兰杰原因，是由于改革开放以前，农业为工业化初期的积累起了巨大的作用，因而到改革开放后，农业和农村对城市化发展的影响有所减弱，这也符合我国工业反哺农业，城市支持农村的政策实际。这一检验结果与改革开放以来，我国产业结构演进与城市化的发展情况是相符合的。

5.2.3.5 脉冲响应函数和方差分解

为了进一步考察我国城市化与产业结构优化的短期动态关系，本章引入脉冲响应函数和方差分解来进一步研究二者的关系。

脉冲响应函数描述了模型内生变量对误差冲击的反应。图 5-2 是期数为 10 期的 VAR 模型的脉冲响应图，其中上半部分显示的是 lnUR 受到 lnG1、lnG2、lnG3 的短期脉冲冲击的响应效果。下半部分显示的是 lnG1、lnG2 和 lnG3 受到 LnUR 的短期脉冲冲击的响应效果。从上半部分可以看出，第一产业对城市化的影响是负值，而且影响的变动幅度较大，说明农业对城市化的影响作用很小；第二产业对城市化的影响主要是正值，说明第二产业的发展仍将是带动城市化的主要动力；第三产业对城市化的影响波动较大，说明在工业化的中后期阶段，第三产业尽管对城市化的影响在提高，但是仍然要弱于第二产业。从下半部分来看，城市化对第一产业的短期影响效果比较明显但很短暂，对第三产业的短期影响效果显著且持续了几期，说明我国正处于第三产业在国民经济中的比例的快速发展期。城市化对工业的短期影响不显著，而在随后的几期才能表现出来，说明我国在工业化的中后期，工业的发展不是主要表现为规模扩张，而是转变为质量和水平的提升，这需要一个较长的时间。将上下两半部分进行比较，可以发现三大产业受城市化冲击的脉冲响应效果要比城市化受三大产业冲击的脉冲响应效果强。这既说明工业化发展到中后期，产业结构演进对城市化的推动作用要弱于城市化对产业结构的影响，也说明由于我国的产业结构不合理，对城市化的影响作用得到削弱。

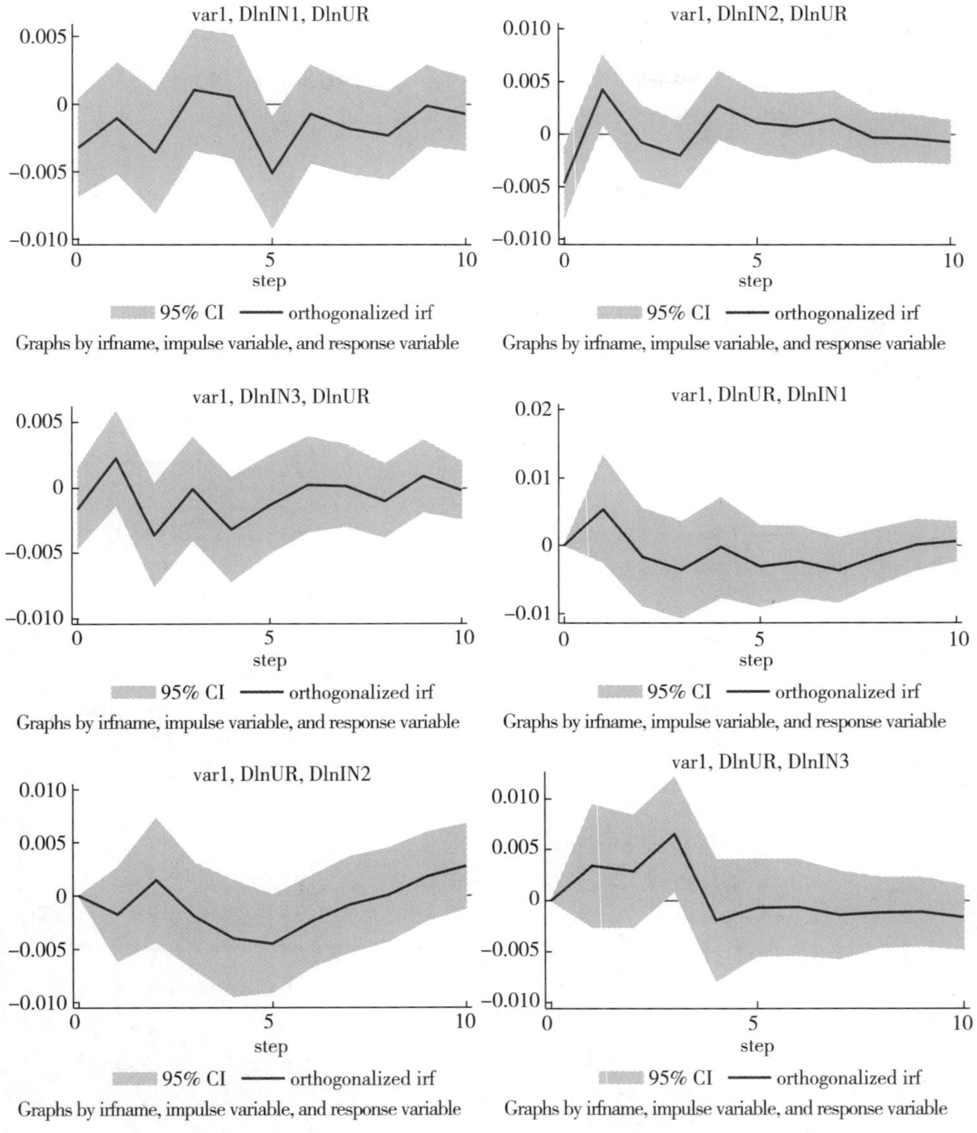

图 5－2　VAR 模型的脉冲响应

方差分解衡量了影响内生变量的外部冲击的贡献度。从图 5－3 的上半部分可以看出，lnG1、lnG2、lnG3 对 lnUR 的贡献度均较大，印证了产业结构是城市化动力的理论观点。其中，第二产业的贡献度最大且稳定，说明了工业化对城市化的根本动力的作用。从图 5－3 的下半部分来看，lnUR 对 lnG1、lnG2、lnG3 的贡献度往往在一两期之后才显现出来，但是其贡献度较为稳定，说明城市化对产业结构的影响作用的过程相对缓慢，但是效果较为持久。因此，城市化发展对于我国产业结构的优化升级和经济的可持续发展将产生持续而深远的影响。

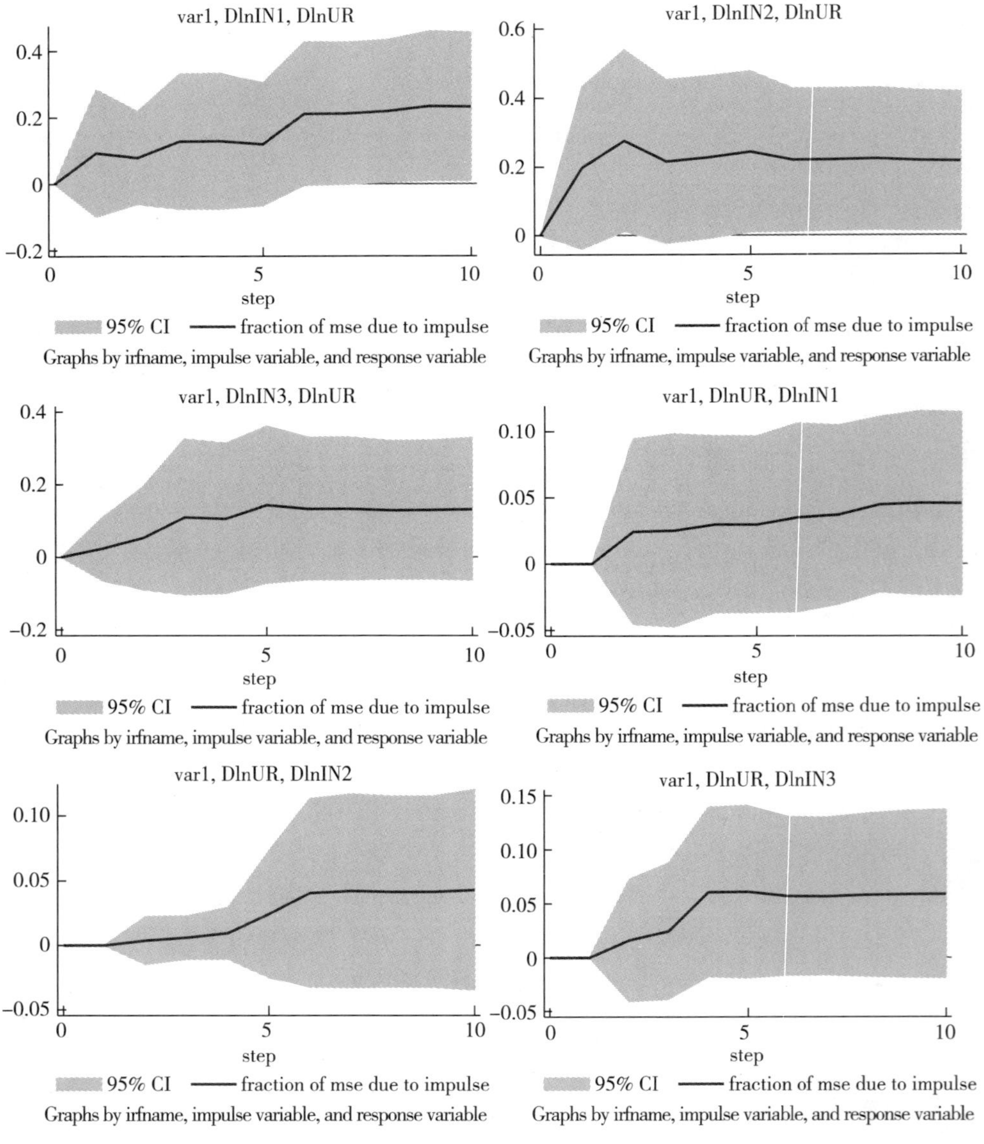

图 5－3　VAR 模型的方差分解

5.2.4　结论与启示

通过以上对我国 1978 ~ 2014 年产业结构与城市化互动关系的实证分析，本章得出以下结论：首先，依据 Johansen 协整检验结果可知，我国的产业结构演进与城市化发展之间存在着长期稳定的均衡关系。总的来说，改革开放以来，我国的产业结构演进与城市化是相互影响、相互作用的关系。其次，从 Granger 因果关系的检验结果来看，改革开放以来，第一产业对城市化发挥的作用较为有限；第二产业对城市化和第一产业与第三产业的发展都起到了重要的作用；由于起点较低、发展较晚，第三产业对于城市化和第一、第二产业的作用还没有充分发挥。最后，根据脉冲响应函数与方差分解的结果分析，在短期内，第二产业对城市化的贡献仍将持续，但第三产业将会对城市化发展产生明显的正向影响效果。由于城市化对产业结构的影响作用过程较缓慢但是效果较为持久，因此城市化发展会对我国的产业结构优化升级产生重要而持续的影响。

根据上述的研究结论，本章提出以下启示：第一，在工业化进程的中后期，我国第二产业对于第一、第三产业的发展和城市化发展仍然起着重要的作用。因此，我国应该努力推动第二产业的技术改造和自主创新，推进产业结构升级，带动城市化的发展。第二，第三产业在今后的一段时期内将成为促进城市化和产业结构优化的主要力量。因此，我国应该加快发展第三产业，特别是要加快发展生产性服务业。第三，作为国民经济的基础行业，农业为我国庞大的人口提供了衣食之源、生存之本。我们不能放松对农业的重视，而应该努力推动农业生产的现代化，有序地转移农村剩余劳动力，使农业发展与产业结构的优化升级和城市化发展相适应、相协调。

5.3　本章小结

产业结构与城市化具有内在的关联互动关系。本章的目的是对我国产业结构与城市化的“关联性”进行定量分析。从静态相关的角度，运用皮尔逊相关系数法测算出改革开放以前我国产业结构与城市化的关联程度较低，改革开放以后二者的关联性显著增强的结论。从动态互动关系的角度，引入向量自回归模型对我国改革开放以后的产业结构与城市化水平进行了计量分析。研究结果表明，改革开放以来，我国的产业结构与城市化呈现长期稳定的互动关系，我国的第二、第三产业显著地促进了城市化的发展，城市化的发展反过来又推动了第一、第二、第三产业的发展。

第 6 章 我国产业结构与城市化发展水平综合评价

产业结构与城市化的协调发展是建立在各自有序发展基础上的。为了全面评价二者的发展情况，需要对我国产业结构与城市化的发展水平进行综合评价。本章的第 1 节，首先对综合评价指标体系的研究方法和构建原则进行简要的介绍；第 2 节，从农业现代化、新型工业化和服务业现代化三个维度构建了反映我国产业结构水平的综合评价指标体系，并运用主成分分析法对我国产业结构的发展水平进行了评价与分析；第 3 节，从人口城市化、土地城市化、经济城市化和社会城市化四个维度构建了反映我国城市化水平的综合评价指标体系，并运用主成分分析的方法对我国城市化的发展水平进行了评价与分析。由于产业结构与城市化都是经济系统中较为复杂的子系统，涉及较多的因素和变量，通过这两个综合评价指标体系可以比较全面地把握我国产业结构与城市化的发展情况，明确它们变化发展的趋势，并发现其中存在的问题。

6.1 方法选取

6.1.1 主成分分析法简介

6.1.1.1 主成分分析法的基本思想

在运用综合指标体系进行研究时，为了全面、系统地分析问题，通常会考虑选取较多的指标作为变量。但是变量之间往往存在着一定程度的相关性，因而计算所得的结果有可能在一定程度上存在着信息重叠的现象。此外，运用多个变量研究问题时，变量太多会增加收集数据、计算及分析结果的困难。人们希望在进行综合评价分析时，能够选取较少的变量，而得到较多的信息。

主成分分析（Principal Component Analysis，PCA）就是适应这一要求而产生的一种数学变换方法。它也叫主分量分析，最早由 K. 皮尔森使用，后来由H. 霍特林将它推广到随机向量的分析中。主成分分析法是一种对各变量之间互相关联的复杂关系进行简化分析的方法。它是利用降维的思想，在不造成信息损失的情况下，把给定的一组相关变量通过线性组合转化成另一组不相关的变量，用离差平方和或方差来衡量信息的大小，从而把多指标转化为少数几个综合指标。这些新变量依照方差依次递减的顺序进行排列，在线性组合中保持变量的总方差不变，使第一变量具有最大的方差，称为第一主成分；第二变量的方差次之，且和第一变量不相关，称为第二主成分；依次类推。提取出来的主成分在方差贡献率中占的比例越大，其在综合评价中起的作用也就越大。一般而言，当 q 个主成分的方差累计贡献率超过85%时，可以认为这 q 个主成分反映了足够的信息量，能够较好地用于解释实际问题。

用主成分分析法来进行综合评价，既能够减少指标选取的工作量，也消除了评价指标之间的相互影响，在不影响效果的基础上能够减少计算的工作量。由于具有以上优点，主成分分析法在经济学、自然科学、工程技术等方面得到了广泛的应用。本章在构建综合指标体系时，使用主成分分析来处理多个指标之间的相关性，以提高研究的科学性和准确性。

6.1.1.2 主成分分析的计算步骤

（1）计算相关系数矩阵。在式（6-1）中，r_{ij}（i，$j=1$，2，…，p）为原变量的 x_i 与 x_j 之间的相关系数，其计算公式为：

$$r_{ij}=\frac{\sum_{k=1}^{n}(x_{ki}-\bar{x}_i)(x_{kj}-\bar{x}_j)}{\sqrt{\sum_{k=1}^{n}(x_{ki}-\bar{x}_i)^2\sum_{k=1}^{n}(x_{kj}-\bar{x}_j)^2}} \tag{6-1}$$

因为 R 是实对称矩阵（即 $r_{ij}=r_{ji}$），所以只需计算上三角元素或下三角元素即可。

（2）计算特征值与特征向量。计算特征值 λ_i 与特征向量 e_i（$i=1$，2，3，…，p）。其中 e_{ij} 表示向量 e_i 的第 j 个分量。

$$|\lambda_i - R| = 0 \tag{6-2}$$

$$\sum_{j=1}^{p} e_{ij}^2 = 1 \tag{6-3}$$

（3）计算主成分贡献率及累计贡献率。贡献率为：

$$\frac{\lambda_i}{\sum_{k=1}^{p}\lambda_k} \quad (i = 1,2,\cdots,p) \tag{6-4}$$

累计贡献率为：

$$\frac{\sum_{k=1}^{i}\lambda_k}{\sum_{k=1}^{p}\lambda_k} \quad (i = 1,2,\cdots,p) \tag{6-5}$$

一般取累计贡献率达 85% ~95% 的特征值 λ_1，λ_2，…，λ_m 所对应的第一、第二，…，第 m（$m \leqslant p$）个主成分。

（4）计算主成分载荷。

$$l_{ij}=p(z_i, x_j)=\sqrt{\lambda_i}e_{ij}(i, j=1, 2, \cdots, p) \tag{6-6}$$

（5）得到各主成分的载荷以后，还可以按照式（6-2）进一步计算，得到各主成分的得分。

$$Z=\begin{bmatrix} z_{11} & z_{12} & \cdots & z_{1m} \\ z_{21} & z_{22} & \cdots & z_{2m} \\ \vdots & \vdots & \vdots & \vdots \\ z_{n1} & z_{n2} & \cdots & z_{nm} \end{bmatrix} \tag{6-7}$$

（6）计算主成分的综合得分。在得到了各主成分的得分之后，可以运用加权求和的方法计算出主成分的综合得分，从而对系统整体的发展情况进行评价和分析。

6.1.2 指标体系构建的原则

由于产业结构和城市化都是经济系统中较为复杂的子系统，要较好地反映二者的发展情况，就必须建立能够全面、准确、科学地反映二者发展状态并可进行综合评价分析的相对完整的指标体系。本章在构建指标体系时遵循以下原则。

6.1.2.1 科学性原则

科学性原则的核心是以事实为依据，不因主观意愿夸大或缩小实际情况。本章在构建产业结构与城市化发展水平的评价指标体系时，首先坚持的就是科学性原则，力求尊重事实，科学、客观地评价我国产业结构与城市化的发展水平。

6.1.2.2 全面性原则

本章在构建产业结构与城市化发展水平评价指标体系时，坚持全面性原则，尽可能从不同的角度来反映和分析对象的状况，综合考虑我国产业结构与城市化发展的各方面内容，以期更加客观、真实地测算产业结构与城市化的发展水平。

6.1.2.3 代表性原则

在构建综合指标体系时，并不是选取的指标越多就越全面、科学，而是需要对众多指标进行筛选。反映产业结构和城市化发展水平的指标很多，但有些指标与二者发展水平之间的相关性很低，有的还较难获取。因此在构建产业结构与城市化发展指标体系时，要尽可能地选择那些信息量大、代表性强的指标，以便于进行实际操作。

6.1.2.4 层次性原则

表征事物发展状态的各个指标之间有着密切的内在联系。单纯从某个角度研究产业结构和城市化的发展水平，无法考察和判定选取的指标是否与上一级指标相适应、相匹配。只有选取的所有指标都建立在与其他指标存在内在联系的基础上，才能合理地确定它们在指标体系中的层次与位置。本章坚持层次性原则，对产业结构和城市化的发展水平通过划分几个层次来进行考察。

6.1.2.5　可比性原则

在选择评价指标时，要保证各个指标的计算范围和统计口径一致，能够进行时间、空间、横向和纵向的全方位比较与分析。本章选取的原始数据都能够进行统计计算和分析，在反映产业结构和城市化的发展水平时具有较强的可比性。

6.1.2.6　可获得性原则

在选择指标体系时，应考虑数据收集的难易程度，以及所选取数据统计的连贯性和真实性，进而保证数据的可获得性。本章选取的数据均来自世界银行数据库、国家统计局或省市统计局的官方数据，能够保持数据的连续性和真实性。

6.2　我国产业结构综合水平测度与评价

6.2.1　产业结构综合评价指标体系的构建

在现有的产业结构演进和城市化发展的评价体系研究中，使用最多的评价产业结构的指标是三次产业的产值结构和就业结构（王军生等，2005；杨立勋等，2013；陈文新等，2014；徐慧敏等，2015；张卫国等，2016）。产值结构和就业结构是库兹涅茨、钱纳里、塞尔奎因等用来说明产业结构演变的重要指标，也是进行国际比较的“标准结构”的重要范式。但产业结构是一个比较复杂的系统，涉及较多方面的内容，单纯从产值结构和就业结构来判定产业结构水平存在一定的片面性。因此，本章基于产业结构形态——三次产业与城市化密切相关的事实，参考已有的研究文献，尝试使用农业现代化、新型工业化、服务业现代化三个层次的复合指标体系来度量产业结构的水平。

6.2.1.1　农业现代化的评价指标体系

农业是国民经济的基础，也是城市化发展的前提条件。农业的发展不仅为城市提供必备的农产品，也为城市化提供了充足的剩余劳动力。我国农业发展的目标是实现农业的现代化。农业的现代化既表现为农业的生产能力、人力资源利用情况、技术水平，也表现在农民生活、内部结构状况等方面。本章选取“人均一产产值（以1992年价格为基期）”来衡量农业的生产能力，用“一产就业人数占总就业人数比重”来反映农业的人力资源利用情况，用“农村居民家庭恩格尔系数”来衡量农民的生活水平，用“农业机械动力”来反映农业生产的技术水平，用“非种植业占农业的比重”来衡量农业的内部结构状况。具体选取的指标及计算方法见表6－1。

表6－1　农业现代化评价指标体系

准则层	领域层	指标层	属性
农业现代化的评价指标	生产能力	人均一产产值（以1992年价格为基期）	+
	人力资源利用情况	一产就业人数占总就业人数比重（%）	-
	农民生活水平	农村居民家庭恩格尔系数（%）	-
	农业技术水平	农业机械动力（万瓦/公顷）	+
	农业内部结构状况	非种植业占农业的比重（%）	+

6.2.1.2　新型工业化的评价指标体系

工业是第二产业的主要部分，工业化是城市化发展的直接动力。针对我国工业存在的问题，国家倡导走新型工业化道路。新型工业化是“科技含量高、经济效益好、资源消耗低、环境污染少、人力资源优势得到充分发挥的工业化”。根据新型工业化的内涵，本章选取“人均二产产值（以1992年价格为基期）”来衡量工业的生产能力，用“二产就业人数占总就业人数比重”来反映工业的人力资源利用情况，用“高科技产业占GDP的比重”来衡量工业的科技含量，用“工业企业的税前收入利润率”来反映工业的经济效益，用“单位工业产值的能耗情况”来衡量工业的资源消耗情况，用“单位 GDP 的废气排放量”来反映工业对环境的影响情况。具体选取的指标及计算方法见表 6 – 2。

表 6 – 2　新型工业化评价指标体系

准则层	领域层	指标层	属性
新型工业化的评价指标	生产能力	人均二产产值（以 1992 年价格为基期）	+
	人力资源利用情况	二产就业人数占总就业人数比重（%）	+
	科技含量	高科技产业占 GDP 的比重（%）	+
	经济效益	工业企业的税前收入利润率（%）	+
	资源消耗情况	单位工业产值的能耗情况（吨标准煤/万元）	–
	对环境的影响情况	单位 GDP 的废气排放量（吨）	–

6.2.1.3　服务业现代化的评价指标体系

第三产业是各种服务业的总称，也是一个国家或地区后工业化阶段的主导产业。发达国家的经济发展已经进入第三产业为主导阶段，出现了产业结构的服务化和信息化的趋势。第三产业的现代化程度已经成为衡量产业结构水平的重要标志。本章采用“人均三产产值（以 1992 年价格为基期）”来衡量第三产业的生产能力，选取“三产就业人数占总就业人数比重”来反映第三产业的人力资源利用情况，用“代表性生产服务业占第三产业比重”来衡量第三产业的发展程度和内部结构状况，用“信息产业占 GDP 的比重”来衡量信息化水平，用“代表性生活服务业占 GDP 比重”来反映第三产业的生活服务能力。具体选取的指标及计算方法见表 6 – 3。

6.2.1.4　产业结构的综合评价指标体系

将农业现代化、新型工业化、服务业现代化的评价指标体系整合在一起，就构成了我国产业结构的综合评价指标体系，见表 6 – 4。通过表 6 – 4 可以看出，我国产业结构的综合评价体系包括三个分指标体系，分为多个不同的维度，能够从不同的角度、多个方面来综合反映我国产业结构的整体水平。

表 6－3　服务业现代化评价指标体系

准则层	领域层	指标层	属性
服务业现代化的评价指标	生产能力	人均三产产值（以 1992 年价格为基期）	+
	人力资源利用情况	三产就业人数占总就业人数比重（%）	+
	发展程度、结构状况	代表性生产服务业占第三产业比重（%）	+
	信息化水平	信息产业占 GDP 的比重（%）	+
	生活服务能力	代表性生活服务业占 GDP 比重（%）	+

表 6－4　产业结构综合评价指标体系

准则层	领域层	指标层	属性
农业现代化的评价指标	生产能力	人均一产产值（以 1992 年价格为基期）	+
	人力资源利用情况	一产就业人数占总就业人数比重（%）	－
	农民生活水平	农村居民家庭恩格尔系数（%）	－
	农业技术水平	农业机械动力（万瓦/公顷）	+
	农业内部结构状况	非种植业占农业的比重（%）	+
新型工业化的评价指标	生产能力	人均二产产值（以 1992 年价格为基期）	+
	人力资源利用情况	二产就业人数占总就业人数比重（%）	+
	科技含量	高科技产业占 GDP 的比重（%）	+
	经济效益	工业企业的税前收入利润率（%）	+
	资源消耗情况	单位工业产值的能耗情况（（吨标准煤/万元）	－
	对环境的影响状况	单位 GDP 的废气排放量（吨）	－
服务业现代化的评价指标	生产能力	人均三产产值（以 1992 年价格为基期）	+
	人力资源利用情况	三产就业人数占总就业人数比重（%）	+
	发展程度、结构状况	代表性生产服务业占三产比重（%）	+
	信息化水平	信息产业占 GDP 的比重（%）	+
	生活服务能力	代表性生活服务业占 GDP 比重（%）	+

6.2.2　我国产业结构综合水平测度与分析

6.2.2.1　数据的来源及处理

本节各项指标的数据来源于历年的《中国统计年鉴》《中国工业经济统计年

鉴》《中国高科技产业统计年鉴》《新中国六十年统计资料汇编》和世界银行数据库。在数据的收集整理中，坚持同一指标选自同一数据库的原则。由于部分评价指标在 1992 年以前的统计年鉴中没有体现，本节选取 1992 ~ 2014 年的统计数据来开展研究。

由于种种原因，个别数据在年代较早的统计年鉴中存在着缺失情况。本章对于缺失值的处理采取两种办法：一是对缺失一年的数值，采用均值插值法进行填充补齐；二是对缺失值在时间序列两端或者个别缺失两年以上的数据，采用线性插值法进行填充补齐。由于各项指标原始数据的计量单位不统一而不具有可比性，因此先要对它们进行标准化处理，从而将不同质的指标同质化。本节的数据标准化采用 SPSS 默认的“均值化法”（Z – score）进行处理。对于“逆向指标”（即数据越小经济意义越好的指标），采用取倒数的方法进行处理。

6.2.2.2　我国产业结构综合发展水平的测算

根据各种统计年鉴及数据库的资料，可以收集和整理 1992 ~ 2014 年我国产业结构的各项指标数据。同时，将所有的指标汇总到一起，进行主成分分析，就能计算出我国产业结构的综合发展水平。

首先，先对逆向指标进行正向化处理，再根据 SPSS 默认的标准化方法（Z – score）对原始数据进行标准化处理。接着，对产业结构评价指标体系的 16 个指标进行 KMO 和 Bartlett 的检验，取样足够度的 Kaiser – Meyer – Olkin 的度量值为 0. 773，顺利通过有效性检验（见表 6 – 5）。

表 6 – 5　我国产业结构主成分分析的 KMO 和 Bartlett 的检验

取样足够度的 Kaiser – Meyer – Olkin 度量		0. 773
Bartlett 的球形度检验	近似卡方	905. 333
	df	120
	Sig.	0. 000

对产业结构指标体系中 16 个指标的数据进行主成分分析，得到的总方差情况见表 6 – 6。由表 6 – 6 可以看出，从产业结构指标体系的 16 个指标中可以提取

出三个主成分，其累计方差贡献率达到95.281%，超过85%的一般要求，且这三个主成分的初始特征值均大于1，能够很好地代表产业结构水平。

表6－6　我国产业结构主成分解释的总方差

成分	初始特征值			提取平方和载入		
	合计	方差的（%）	累积（%）	合计	方差的（%）	累积（%）
1	12.007	75.042	75.042	12.007	75.042	75.042
2	2.184	13.65	88.692	2.184	13.65	88.692
3	1.054	6.589	95.281	1.054	6.589	95.281
4	0.339	2.12	97.401			
5	0.158	0.989	98.39			
6	0.111	0.695	99.085			
7	0.062	0.388	99.474			
8	0.036	0.223	99.696			
9	0.019	0.118	99.814			
10	0.013	0.081	99.895			
11	0.009	0.055	99.949			
12	0.004	0.025	99.974			
13	0.002	0.013	99.987			
14	0.002	0.011	99.998			
15	0	0.001	100			
16	6.98E－05	0	100			

三个主成分的载荷矩阵如表6－7所示。由于主成分分析本质上是一种矩阵变换过程，并不要求各主成分都有实际意义。在第一主成分表达式中，可以看出一产就业人数占总就业人数比重（%）、农村居民家庭恩格尔系数（%）、农业机械动力（万瓦/公顷）、非种植业占农业的比重（%）、人均二产产值（以1992年价格为基期）、二产就业人数占总就业人数比重（%）、高科技产业占GDP的比重（%）、工业企业的税前收入利润率（%）、人均三产产值（以1992年价格为基期）、三产就业人数占总就业人数比重（%）、信息产业占GDP的比重（%）、代表性生活服务业占GDP比重（%）这些指标的系数都较大。在第二主

成分中，人均一产产值（以1992年价格为基期）、代表性生产服务业占三产比重（%）这两个指标的系数较大。在第三主成分中，单位工业产值的能耗情况（吨标准煤/万元）、单位GDP的废气排放量（吨）这两个指标的系数较大。第一主成分可以解释3个主成分中75%以上的信息。第二、三主成分各指标的系数绝大多数都在0.5以下，所携带的信息量较小。

表6-7 我国产业结构主成分的载荷矩阵

指标	成分		
	1	2	3
人均一产产值（以1992年价格为基期）	0.604	0.645	0.450
一产就业人数占总就业人数比重（%）	0.930	0.348	0.061
农村居民家庭恩格尔系数（%）	0.982	-0.014	-0.042
农业机械动力（万瓦/公顷）	0.995	0.064	-0.014
非种植业占农业的比重（%）	0.641	-0.659	0.104
人均二产产值（以1992年价格为基期）	0.841	-0.179	0.453
二产就业人数占总就业人数比重（%）	0.856	0.476	0.021
高科技产业占GDP的比重（%）	0.973	0.176	-0.077
工业企业的税前收入利润率（%）	0.785	-0.364	-0.163
单位工业产值的能耗情况（吨标准煤/万元）	-0.849	-0.004	0.512
单位GDP的废气排放量（吨）	-0.817	-0.226	0.492
人均三产产值（以1992年价格为基期）	0.958	0.156	0.140
三产就业人数占总就业人数比重（%）	0.979	0.073	0.152
代表性生产服务业占三产比重（%）	-0.719	0.649	-0.136
信息产业占GDP的比重（%）	0.825	-0.535	0.087
代表性生活服务业占GDP比重（%）	0.974	0.016	-0.157

根据我国产业结构指标体系主成分的得分系数矩阵（见表6-8），可以得到各主成分的表达式。在表达式中，各变量已经不是原始变量而是标准化后的变量。

$$F1 = 0.050ZX1 + 0.077ZX2 + 0.082ZX3 + \cdots + 0.081ZX16 \quad (6-8)$$

$$F2 = 0.295ZX1 + 0.159ZX2 - 0.006ZX3 + \cdots + 0.007ZX16 \quad (6-9)$$

$$F3 = 0.427ZX1 + 0.058ZX2 - 0.039ZX3 + \cdots - 0.149ZX16 \quad (6-10)$$

表 6-8　我国产业结构主成分的得分系数矩阵

指标	成分		
	1	2	3
人均一产产值（以 1992 年价格为基期）	0.050	0.295	0.427
一产就业人数占总就业人数比重（%）	0.077	0.159	0.058
农村居民家庭恩格尔系数（%）	0.082	-0.006	-0.039
农业机械动力（万瓦/公顷）	0.083	0.029	-0.013
非种植业占农业的比重（%）	0.053	-0.302	0.099
人均二产产值（以 1992 年价格为基期）	0.070	-0.082	0.430
二产就业人数占总就业人数比重（%）	0.071	0.218	0.020
高科技产业占 GDP 的比重（%）	0.081	0.080	-0.073
工业企业的税前收入利润率（%）	0.065	-0.166	-0.155
单位工业产值的能耗情况（吨标准煤/万元）	-0.071	-0.002	0.485
单位 GDP 的废气排放量（吨）	-0.068	-0.104	0.466
人均三产产值（以 1992 年价格为基期）	0.080	0.072	0.133
三产就业人数占总就业人数比重（%）	0.082	0.034	0.145
代表性生产服务业占三产比重（%）	-0.060	0.297	-0.129
信息产业占 GDP 的比重（%）	0.069	-0.245	0.082
代表性生活服务业占 GDP 比重（%）	0.081	0.007	-0.149

根据表 6-6 确定的各主成分的特征值及方差贡献率，可以确定各主成分的权重：W1 = 75.042% ÷ 95.281% = 0.7876，W2 = 13.650% ÷ 95.281% = 0.1433，W3 = 6.589% ÷ 95.281% = 0.0692，依据此权重可以构建主成分分析模型：

$$Y = F1 \times W1 + F2 \times W2 + F3 \times W3 \quad (6-11)$$

式（6-11）中，Y 为我国产业结构的主成分综合得分，F1、F2、F3 为三个主成分的得分，W1、W2、W3 为三个主成分的权重。根据这一模型，可以计算出我国 1992～2014 年产业结构的主成分综合得分（见表 6-9）。

6.2.2.3 结果分析

从表6-9的得分情况可以看出，我国产业结构的总体水平实现了由低向高的有序发展。用Excel可视化总得分的计算结果，可以更明显地发现其变动的趋势。

表6-9 1992~2014年我国产业结构的主成分综合得分

年份	F1	F2	F3	Y
1992	-5.26	1.31	-2.94	-4.16
1993	-5.01	1.26	-1.85	-3.89
1994	-4.37	1.01	-0.12	-3.31
1995	-3.73	0.99	0.89	-2.74
1996	-3.72	1.6	1.43	-2.6
1997	-3.19	0.83	1.45	-2.29
1998	-3.02	0.48	1.36	-2.22
1999	-2.58	-0.23	0.88	-2.01
2000	-1.68	-1.38	0.65	-1.47
2001	-1.31	-1.71	0.62	-1.24
2002	-0.85	-2.18	0.37	-0.96
2003	-0.1	-2.6	-0.15	-0.46
2004	0.98	-2.11	-0.24	0.45
2005	1.4	-1.87	-0.49	0.8
2006	1.54	-0.78	-0.94	1.04
2007	2.19	-0.62	-0.78	1.58
2008	2.77	-0.89	0.13	2.06
2009	3.16	-0.2	-0.56	2.42
2010	3.7	0.3	-0.47	2.92
2011	4.19	0.94	0.1	3.44
2012	4.55	1.55	0.08	3.81
2013	5.1	1.7	0.39	4.29
2014	5.25	2.6	0.19	4.52

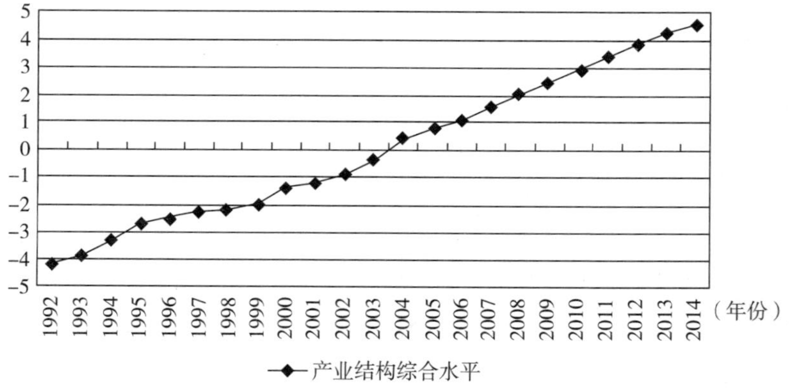

图 6-1　1992～2014 年我国产业结构综合水平变动情况

从图 6-1 中可以看出，1992～2014 年，我国产业结构综合水平的整体演变呈现出逐步上升、渐趋稳定的特点。1992 年实行市场经济体制改革后，在制度红利的作用下，我国的产业结构水平得到较快提高；1995 年后，其发展态势逐渐平稳下来。在加入世界贸易组织后，受到外部需求的拉动，我国的产业结构水平又呈现几年的快速发展态势，2005 年后呈现稳步上升的态势。总的来看，在市场经济条件下，我国的产业结构综合水平稳中有升，逐渐实现了产业结构的优化升级。

6.2.3　我国产业结构分指标水平测度与分析

由于我国的产业结构评价体系分为农业现代化、新型工业化、服务业现代化三个分指标体系，为了进一步探寻我国产业结构水平分指标体系的发展情况，分别对这三个分指标体系进行主成分分析，可以计算出每个分指标体系的综合得分，计算过程与前面相同，不再一一赘述。计算结果见表 6-10。

通过表 6-10 可以看到，我国产业结构分指标体系的主成分得分随着时间的推移都实现了逐渐上升，但提高的速度有所差异。将表 6-10 的计算结果用 Excel 可视化，可以对 1992～2014 年我国农业现代化、新型工业化和服务业现代化分指标体系发展水平的演变情况进行比较分析。

表 6－10　1992～2014 年我国产业结构分指标体系的主成分得分

年份	农业现代化	新型工业化	服务业现代化	年份	农业现代化	新型工业化	服务业现代化
1992	－2.58	－2.09	－3.81	2004	0.3	0.48	1.2
1993	－2.29	－2.3	－3.52	2005	0.58	0.84	1.24
1994	－1.8	－2.47	－2.89	2006	0.29	1.26	1.13
1995	－1.6	－2.11	－2.56	2007	0.88	1.61	1.22
1996	－1.7	－2.28	－2.42	2008	1.38	1.71	1.59
1997	－1.27	－2.19	－1.92	2009	1.28	2.08	1.85
1998	－1.16	－2.52	－1.34	2010	1.15	2.74	2.01
1999	－1.06	－2.09	－1.05	2011	1.76	2.9	1.9
2000	－0.6	－1.41	－0.6	2012	1.93	2.96	2.2
2001	－0.42	－1.43	－0.1	2013	2.64	2.82	2.51
2002	－0.19	－1.15	0.23	2014	2.35	3.03	2.64
2003	0.12	－0.38	0.51				

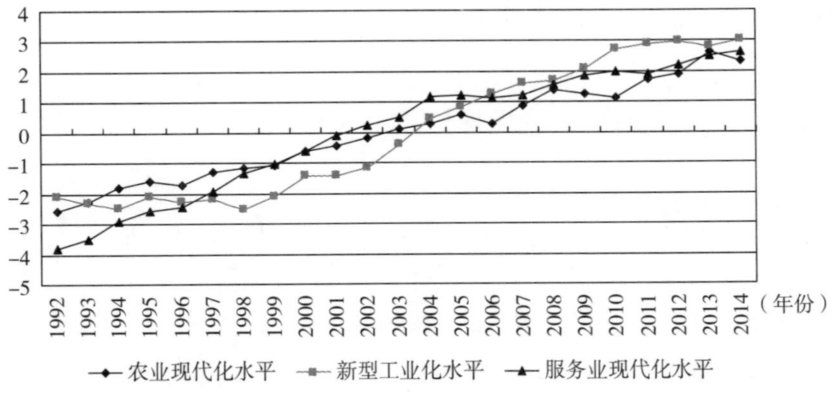

图 6－2　1992～2014 年我国产业结构分指标水平变动情况

通过图6-2，可以看出：首先，得益于国民经济的持续增长，1992~2014年我国农业现代化、新型工业化和服务业现代化的水平都得到了较快的发展，但是发展的水平和速度存在一定的差异性。在1992年，工业综合发展水平最高，农业水平次之，服务业水平相对滞后。1992~2014年，农业呈现稳步发展的态势，较少出现波动起伏；工业综合水平在1992~1998年出现一段时期的停滞，1998年以后实现了快速发展；服务业在1992年以后快速发展，2004年以后逐渐趋于稳定。到2014年，工业综合水平仍然最高，服务业水平超过了农业水平。这反映了我国在实行市场经济体制后产业结构逐渐实现了优化升级。其次，1992~2014年，我国三次产业的发展态势由早期的波动起伏较大发展到后期逐渐趋于平稳、波动幅度变小，说明我国三次产业之间的关系稳步调整，产业结构的合理化程度逐渐提高。

6.3 我国城市化综合水平测度与评价

城市化是人类社会城乡结构的动态调整过程，受到多种因素的影响和制约，具有多方面的内容和表现。由于单一的评价指标人口城市化率主要衡量了人口在城市的集聚程度，不能全面地反映城市化的整体状况。因此，有必要建立复合评价指标体系，来全面衡量城市化的水平。

6.3.1 城市化综合评价指标体系的构建

目前，国内外学者对城市化评价指标体系的建构在研究视角、研究方法和具体指标选取上存在着较大的区别，没有形成统一、公认的评价标准。但是，大多数研究是采用人口城市化、土地城市化、经济城市化和社会城市化四个维度来展开的。本章也采用这四个维度来建构城市化评价指标体系，并围绕研究主题坚持全面准确的原则来选取具体指标。

6.3.1.1　人口城市化的评价指标体系

人口城市化本质上反映的是人口在城市的空间聚集情况。它既可以表现在人口城市化率即城市人口占总人口的比例上，也可以表现在城市人口的空间利用情况即人口密度方面上。从人口城市化率来看，我国存在着常住人口城市化率和户籍人口城市化率两种统计标准。按照这两种统计标准计算的人口城市化率存在着较大的差别。2012 年，我国的常住人口城市化率为 52.6%，而户籍人口的城市化率只有 35.2%[①]。由于常住人口更能反映人口在城市的分布情况，我国官方统计资料公布的数据也以常住人口的城市化率为准，本章采用“常住人口城市化率”（城市常住人口占总人口的比例）作为衡量人口城市化率的指标。从人口密度来看，我国存在着城区人口密度和建成区人口密度两种不同的衡量标准。我国的“城区面积”指标在统计年鉴中存在着较大的变动。如在官方统计年鉴的数据中，我国的城区面积在 2005 年为 412819.1 平方公里，2006 年则变为 166533.5 平方公里。因此，2006 年以后的城区面积数据与 2006 年以前的数据不具有可比性。相反，在统计年鉴中，建成区面积及城区人口的数据则具有较长时间的稳定性。因此，本章采用“建成区人口密度”（城市人口数/建成区面积）来衡量人口的密度情况。具体选取的指标及计算方法见表 6－11。

表 6－11　人口城市化评价指标体系

准则层	领域层	指标层	属性
人口城市化	人口城市化率	城市常住人口占总人口的比例（%）	+
	人口密度情况	建成区人口密度（人/平方公里）	+

6.3.1.2　土地城市化的评价指标体系

通常评价土地城市化水平的指标是建成区面积比（建成区面积占城区面积

① 国家新型城镇化规划（2014～2020 年）［EB/OL］．中华人民共和国中央人民政府网，http：//www.gov.cn/zhengce/2014－03/16/content_2640075.htm.

比）。但是由于种种原因，我国统计数据中的城区面积存在着较大的不稳定性。如根据统计年鉴的数据，我国的城区面积突然由 2005 年的 412819. 1 平方公里下降到 2006 年的 166533. 5 平方公里，导致我国的建成区面积比由 2005 年的 8% 猛增到 2006 年的 20%；相反，在统计年鉴中，建成区面积的数据则具有较长时间的稳定性。因此，本章采用“建成区面积”作为土地城市化的基本指标，建成区面积的增加就意味着土地城市化的发展。相应地，本章采用“建成区地均投资额”（亿元/平方公里）来衡量土地的投资情况。近年来，城市的环境状况越来越受到广泛关注。“建成区绿化覆盖率”反映了城市土地的环境治理状况，也是反映土地城市化水平的重要指标。本章采用这一指标来衡量土地环境状况。具体选取的指标及计算方法见表 6 - 12。

表 6 - 12　土地城市化评价指标体系

准则层	领域层	指标层	属性
土地城市化	土地利用数量	我国的城市建成区面积（平方公里）	+
	土地投资情况	建成区地均投资额（亿元/平方公里）	+
	土地环境状况	建成区绿化覆盖率（%）	+

6. 3. 1. 3　经济城市化的评价指标体系

经济的城市化可以表现在生产、就业、收入、消费等多个方面。由于城市主要是第二、第三产业的集聚地，因此城市的生产情况可以用第二、第三产业的产值比重来表示；我国统计年鉴中有城镇就业人员占总就业的比例指标，能够很好地反映城市化过程中的就业情况；人均可支配收入是个人及家庭消费的基础；随着收入水平的提高，家庭的消费结构通常会发生变化，而恩格尔系数是国际通用的衡量消费结构的重要指标。因此，本章选取“非农产业产值占 GDP 比例”来衡量生产情况，用“城镇就业人员占总就业的比例”来反映就业情况，用“城镇居民人均可支配收入”来衡量居民收入水平，用“城镇居民家庭恩格尔系数”来反映居民消费水平。具体选取的指标及计算方法见表 6 - 13。

表6－13　经济城市化评价指标体系

准则层	领域层	指标层	属性
经济城市化	生产情况	非农产业产值占GDP比例（%）	+
	就业情况	城镇就业人员占总就业的比例（%）	+
	居民收入水平	城镇居民人均可支配收入	+
	居民消费水平	城镇居民家庭恩格尔系数（%）	-

6.3.1.4　社会城市化的评价指标体系

社会城市化，切实关系到城市的面貌和居民的生活质量，主要表现在城市基础设施建设和公共服务水平两个方面。基础设施建设表现在城市的道路、供水、供电、公共设施建设等方面。本章选取“人均拥有道路长度”来衡量城市交通设施状况，用“城市水普及率”来反映居民生活设施的状况。公共服务水平主要表现在教育、医疗、社会保障等方面。本章选取“高中生升学率”来衡量教育的发展水平；采用“千人拥有卫生人员数”来反映城市的医疗卫生水平；采用“城市养老保险覆盖率”来反映社会保障水平。具体选取的指标及计算方法见表6－14。

表6－14　社会城市化评价指标体系

准则层	领域层	指标层	属性
社会城市化	城市公共设施状况	人均拥有道路长度（米）	+
	居民生活设施状况	城市水普及率（%）	+
	文化教育水平	高中生升学率（%）	+
	医疗卫生水平	千人拥有卫生人员数（人/千人）	+
	社会保障水平	城市养老保险覆盖率（%）	+

6.3.1.5　城市化的综合评价指标体系

将人口城市化、土地城市化、经济城市化、社会城市化的指标体系整合在一起，就构成了我国城市化的综合评价指标体系，见表6－15。通过表6－15，可以看出，我国城市化的综合评价体系包括四个分指标体系，具有多个不同的维度，能够从不同的角度、多个方面来综合反映我国城市化的整体水平。

表 6－15　城市化综合评价指标体系

准则层	领域层	指标层	属性
人口城市化	人口城市化率	城市常住人口占总人口的比例（%）	+
	人口密度情况	建成区人口密度（人/平方公里）	+
土地城市化	土地利用数量	我国的城市建成区面积（平方公里）	+
	土地投资情况	建成区地均投资额（亿元/平方公里）	+
	土地环境状况	建成区绿化覆盖率（%）	+
经济城市化	生产情况	非农产业产值占 GDP 比例（%）	+
	就业情况	城镇就业人员占总就业的比例（%）	+
	居民收入水平	城镇居民人均可支配收入	+
	居民消费水平	城镇居民家庭恩格尔系数（%）	－
社会城市化	城市公共设施状况	人均拥有道路长度（米）	+
	居民生活设施状况	城市水普及率（%）	+
	文化教育水平	高中生升学率（%）	+
	医疗卫生水平	千人拥有卫生人员数（人/千人）	+
	社会保障水平	城市养老保险覆盖率（%）	+

6.3.2　我国城市化综合水平测度与分析

6.3.2.1　数据的来源及处理

本节各项指标的数据来源于历年的《中国统计年鉴》《中国城市统计年鉴》《中国城市建设统计年鉴》和《新中国六十年统计资料汇编》。在数据的收集整理中，坚持同一指标选自同一数据库的原则。由于部分评价指标在 1992 年以前的统计年鉴中没有体现，本节选取 1992～2014 年的统计数据来开展研究。

由于种种原因，个别数据在年代较早的统计年鉴中存在着缺失情况。本章对于缺失值的处理采取两种方法：一是对缺失一年的数值，采用均值插值法进行填充补齐；二是对缺失值在时间序列两端或者个别缺失两年以上的数据，采用线性插值法进行填充补齐。由于各项指标原始数据的计量单位不统一而且不具有可比性，因此先要对它们进行标准化处理，从而将不同质的指标同质化。本节的数据标准化采用SPSS默认的“均值化法”（Z－score）进行处理。对于“逆向指标”（即数据越小经济意义越好的指标）采用取倒数的方法进行处理。

6.3.2.2 我国城市化综合发展水平的测算

根据各种统计年鉴及数据库的资料，可以收集和整理到1992～2014年我国城市化评价体系的各项指标数据。将所有的指标汇总到一起进行主成分分析，就能计算出我国城市化的综合发展水平。

首先，先对逆向指标进行正向化处理，再根据SPSS默认的标准化方法（Z－score）对原始数据进行标准化处理。接着，对城市化评价指标体系的14个指标进行KMO和Bartlett的检验，取样足够度的Kaiser－Meyer－Olkin的度量值为0.760，顺利通过有效性检验（见表6－16）。

表6－16 我国城市化主成分分析的KMO和Bartlett的检验

取样足够度的Kaiser－Meyer－Olkin度量		0.760
Bartlett的球形度检验	近似卡方	853.378
	df	91
	Sig.	0.000

对城市化指标体系中14个指标的数据进行主成分分析，得到的总方差情况见表6－17。由表6－17可以看出，我国城市化总体水平有两个主成分，其累计方差贡献率达到93.013%，超过85%的一般要求，且这两个主成分的初始特征值均大于1，能够很好地代表城市化水平。

表6－17 我国城市化主成分解释的总方差

成分	初始特征值			提取平方和载入		
	合计	方差的（%）	累积（%）	合计	方差的（%）	累积（%）
1	11.462	81.869	81.869	11.462	81.869	81.869
2	1.560	11.144	93.013	1.560	11.144	93.013
3	0.483	3.451	96.464			

续表

成分	初始特征值			提取平方和载入		
	合计	方差的（%）	累积（%）	合计	方差的（%）	累积（%）
4	0.191	1.365	97.829			
5	0.125	0.893	98.722			
6	0.095	0.678	99.400			
7	0.039	0.282	99.682			
8	0.021	0.152	99.834			
9	0.012	0.082	99.916			
10	0.006	0.042	99.958			
11	0.003	0.021	99.979			
12	0.003	0.020	99.999			
13	0.000	0.001	100.000			
14	3.622E-5	0.000	100.000			

两个主成分的载荷矩阵如表6-18所示。由于主成分分析本质上是一种矩阵变换过程，并不要求各主成分都有实际意义。在第一主成分表达式中，可以看出城市常住人口占总人口的比例（%）、我国的城市建成区面积（平方公里）、建成区地均投资额（亿元/平方公里）、建成区绿化覆盖率（%）、非农产业产值占GDP比例（%）、城镇就业人员占总就业的比例（%）、城镇居民人均可支配收入、城镇居民家庭恩格尔系数（%）、人均拥有道路长度（米）、城市水普及率（%）、高中生升学率（%）、千人拥有卫生人员数（人/千人）、城市养老保险覆盖率（%）这些指标的系数都较大。在第二主成分中，建成区人口密度（人/平方公里）的系数较大。第一主成分可以解释为两个主成分中82%以上的信息。第二主成分各指标的系数都在0.5以下，所携带的信息量较小。

表6-18　我国城市化主成分的载荷矩阵

指标	成分	
	1	2
城市常住人口占总人口的比例（%）	0.992	0.102
建成区人口密度（人/平方公里）	-0.921	0.218

续表

指标	成分	
	1	2
我国的城市建成区面积（平方公里）	0.997	-0.040
建成区地均投资额（亿元/平方公里）	0.939	-0.296
建成区绿化覆盖率（%）	0.984	0.106
非农产业产值占 GDP 比例（%）	0.942	0.302
城镇就业人员占总就业的比例（%）	0.996	-0.018
城镇居民人均可支配收入	0.918	0.061
城镇居民家庭恩格尔系数（%）	0.866	0.476
人均拥有道路长度（米）	0.495	-0.729
城市水普及率（%）	0.948	0.191
高中生升学率（%）	0.851	0.460
千人拥有卫生人员数（人/千人）	0.800	-0.468
城市养老保险覆盖率（%）	0.898	-0.288

由我国城市化指标体系的主成分得分系数矩阵（见表 6-19），可以得出各主成分的表达式。在表达式中，各变量已经不是原始变量而是标准化后的变量。

$$F1 = 0.087ZX1 - 0.080ZX2 + 0.087ZX3 + \cdots + 0.078ZX14 \qquad (6-12)$$

$$F2 = 0.065ZX1 + 0.140ZX2 - 0.026ZX3 + \cdots - 0.185ZX14 \qquad (6-13)$$

表 6-19　我国城市化主成分的得分系数矩阵

指标	成分	
	1	2
城市常住人口占总人口的比例（%）	0.087	0.065
建成区人口密度（人/平方公里）	-0.080	0.140
我国的城市建成区面积（平方公里）	0.087	-0.026
建成区地均投资额（亿元/平方公里）	0.082	-0.189
建成区绿化覆盖率（%）	0.086	0.068
非农产业产值占 GDP 比例（%）	0.082	0.194
城镇就业人员占总就业的比例（%）	0.087	-0.012
城镇居民人均可支配收入	0.080	0.039

续表

指标	成分	
	1	2
城镇居民家庭恩格尔系数（%）	0.076	0.305
人均拥有道路长度（米）	0.043	-0.467
城市水普及率（%）	0.083	0.122
高中生升学率（%）	0.074	0.295
千人拥有卫生人员数（人/千人）	0.070	-0.300
城市养老保险覆盖率（%）	0.078	-0.185

根据表6-15中确定的各主成分的特征值及方差贡献率，可以确定各主成分的权重：$W1=81.869\%\div93.013\%=0.8802$，$W2=11.144\%\div93.013\%=0.1198$，依据此权重可以构建主成分分析模型：

$$Y=F1\times W1+F2\times W2 \tag{6-14}$$

式（6-14）中，Y为我国城市化的主成分综合得分，$F1$、$F2$为两个主成分的得分，$W1$、$W2$为两个主成分的权重。根据这一模型，可以计算出1992~2014年我国城市化的主成分综合得分（见表6-20）。

表6-20　1992~2014年我国城市化的主成分综合得分

年份	F1	F2	Y
1992	-5.33	-1.29	-4.84
1993	-4.44	-1.14	-4.05
1994	-3.88	-1.08	-3.55
1995	-3.32	-1.37	-3.09
1996	-3.06	-1.06	-2.82
1997	-2.97	-0.92	-2.72
1998	-2.84	-0.81	-2.59
1999	-2.2	-0.28	-1.97
2000	-2.26	2.29	-1.71
2001	-1.59	2.13	-1.14
2002	-0.96	2.13	-0.59

续表

年份	F1	F2	Y
2003	-0.26	1.7	-0.02
2004	0.17	1.35	0.32
2005	0.81	0.71	0.79
2006	1.2	0.95	1.17
2007	1.71	0.71	1.59
2008	2.17	0.11	1.93
2009	2.87	0	2.53
2010	3.64	-0.25	3.18
2011	4.2	-0.23	3.67
2012	4.94	-0.95	4.24
2013	5.44	-1.23	4.64
2014	5.95	-1.46	5.06

6.3.2.3　结果分析

从表 6-20 的得分情况可以看出，我国城市化的综合水平实现了由低向高的有序发展。用 Excel 可视化总得分的计算结果，可以更明显地发现其变动的趋势。

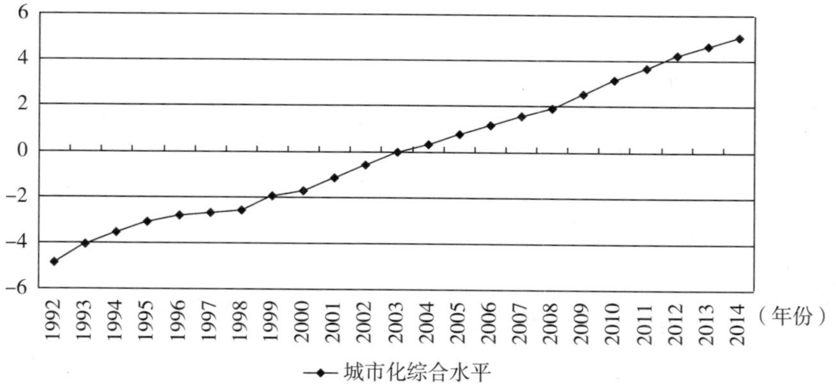

图 6-3　1992～2014 年我国城市化综合水平变动情况

从图6－3可以看出，1992～2014年，我国城市化发展呈现出先慢后快的特点。在实行市场经济体制的初期，我国的城市化水平缓慢发展，到1996年，我国的人口城市化率达到30.48%，进入了国际公认的城市化快速发展时期，此后我国的城市化发展速度逐渐加快，城市化水平迅速提高，这与城市化的发展规律是吻合的。

6.3.3 我国城市化分指标水平测度与分析

由于我国的城市化评价体系分为人口城市化、土地城市化、经济城市化和社会城市化四个分指标体系，为了进一步探寻我国城市化水平分指标体系的发展情况，分别对这四个分指标体系进行主成分分析，可以计算出各分指标体系的综合得分，计算过程与前面相同，不再一一赘述。计算结果见表6－21。

表6－21 1992～2014年我国城市化分指标体系的主成分得分

年份	人口城市化	土地城市化	经济城市化	社会城市化
1992	-2.37	-2.44	-3.68	-1.28
1993	-1.73	-2.02	-3.06	-1.22
1994	-1.29	-1.78	-2.69	-1.2
1995	-0.97	-1.59	-2.38	-0.88
1996	-0.94	-1.52	-1.95	-0.95
1997	-1.02	-1.43	-1.65	-1.05
1998	-1.11	-1.24	-1.36	-1.12
1999	-1.31	-1.17	-0.91	-0.62
2000	-1.28	-1.1	-0.52	-1.89
2001	-0.97	-1.01	-0.2	-1.36
2002	-0.58	-0.78	0.09	-1.07
2003	-0.14	-0.43	0.31	-0.61
2004	0.19	-0.16	0.39	-0.38
2005	0.53	0.13	0.67	0.1
2006	0.63	0.52	1.08	-0.01
2007	0.83	0.71	1.34	0.3

续表

年份	人口城市化	土地城市化	经济城市化	社会城市化
2008	0.88	1.15	1.28	0.74
2009	1.11	1.58	1.55	1.09
2010	1.31	1.9	1.93	1.61
2011	1.77	2.24	2.18	1.65
2012	1.96	2.55	2.35	2.4
2013	2.17	2.83	2.53	2.7
2014	2.33	3.06	2.7	3.06

通过表 6－21 可以看到，我国城市化分指标体系的主成分得分随着时间的推移都实现了逐渐上升，但提高的速度有所差异。将表 6－21 的计算结果用 Excel 可视化，可以对 1992～2014 年我国人口城市化、土地城市化、经济城市化和社会城市化分指标体系发展水平的演变情况进行比较分析。

通过图 6－4 可以看出，我国的城市化发展水平整体上取得了较大的进展，表现在各个分指标体系的数据都有所增长。但是从各个分指标来看，其增长的速度和程度存在着较大的差异。概括起来，可以发现我国城市化发展的几个特征。

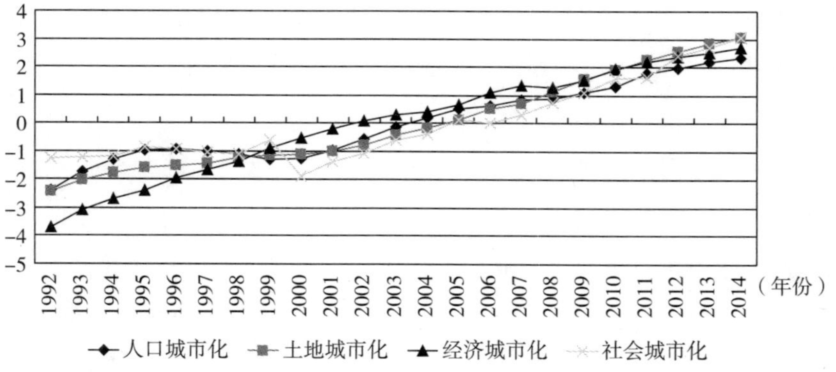

图 6－4　1992～2014 年我国城市化分指标水平变动情况

一是土地城市化超过人口城市化而过快发展。从人口城市化与土地城市化的关系来看，1992～1998 年，我国的土地城市化落后于人口城市化的水平。但是从 1998 年开始，随着住房市场化改革的启动，我国的土地城市化进程明显加快，并超过了人口城市化的发展，表现出过快发展的问题。二是经济城市化增长较快，并逐渐呈现出与土地城市化高度相关的状况。从 1992 年以来，我国的经济城市化保持了较快的发展速度，城市经济也得到了较快的发展。但是，从 2004 年以后，出现了一个很明显的趋势：即我国的经济城市化与土地城市化的发展越来越高度相关。这一情况必须引起高度重视。三是社会城市化起伏波动，长期发展滞后。从社会城市化的角度来看，由于我国典型的二元社会特征，城市优先于农村的发展，因此社会城市化的起点很高，甚至在 20 世纪 90 年代一度领先于城市化其他方面的发展。但是由于种种原因，社会城市化的发展速度比较缓慢，因此造成一段时期内长期落后于城市化的其他方面。在我国政府大力推行和谐社会建设的背景下，从 2006 年起我国社会城市化水平开始迅速提高，逐渐缩小了与城市化其他方面的差距。

6.4 本章小结

本章的目的是对我国产业结构与城市化的发展水平进行综合评价。为此，选取反映农业现代化、新型工业化、服务业现代化要求的指标，建立了产业结构水平综合评价指标体系；根据人口城市化、土地城市化、经济城市化和社会城市化四个维度，构建了城市化水平综合评价指标体系。通过这两个综合评价指标体系，运用主成分分析法对我国 1992～2014 年产业结构与城市化的综合发展水平和分指标体系水平进行了测算和分析。结果表明，我国产业结构整体水平稳步提升，三次产业的水平较为均衡地发展，反映了我国产业结构在逐渐优化和升级；相比而言，我国城市化整体水平的发展呈现先慢后快的特征，符合城市化发展的一般理论；但是，我国城市化分指标体系水平却呈现出不平衡的发展特征，表现在土地城市化超过人口城市化而过快发展，经济城市化与土地城市化高度相关，社会城市化起伏波动、长期发展滞后等几个方面，需要引起足够的重视。

第7章　我国产业结构与城市化协调度分析

为了衡量和评价我国产业结构与城市化的协调状态，本章在第6章构建的产业结构与城市化综合评价指标体系的基础上，引入距离协调度模型和PLS模型来计量和分析我国产业结构与城市化的协调度及其互动效应。本章分三节展开：第1节从纵向的角度研究我国产业结构与城市化协调度的演进情况；第2节从横向的角度研究我国分省市产业结构与城市化的协调度状况；第3节运用PLS模型对我国产业结构与城市化的互动效应进行计量分析，从中寻找影响二者协调度的现实问题。

7.1　我国产业结构与城市化协调度时序演进分析

7.1.1　协调度模型的选取

从系统论的角度来看，协调多用于描述系统内部和系统之间的“和谐匹配”的状态和关系。协调度反映的是系统之间或系统内部要素之间在发展过程中彼此和谐一致的程度，体现了系统之间由无序走向有序的趋势。要对产业结构与城市化两个系统之间的协调度进行评价和分析，就必须选择适当的协调度模型。

已有研究从不同的数学方法出发，对协调的定量评价和测量开展了多角度的研究，形成了多种协调度模型。较为常用的协调度模型有：耦合协调度模型、距离协调度模型、隶属函数协调度模型、离差系数最小化协调度模型、灰色系统协调度模型等。在这些模型中，由于距离协调度模型是根据系统整体的实际状态与理想状态的距离来考察系统之间的协调状态，适用于评价产业结构与城市化等经济系统的协调程度。因此，本章借鉴（汤铃、李建平、余乐安、覃东海，2010）的方法，选取距离协调度模型来测算和评价我国产业结构与城市化的协调状况。

“协调度实际上是一个相对值，反映并取决于系统实际状态与理想状态的距离，协调度是该距离的函数。”① 由于欧氏距离常可以用来表示二维、三维甚至N维空间中两个点之间的距离，因此可以用欧氏距离公式来表示系统的实际状态与理想状态之间的距离。其公式为：

$$d=\sqrt{\sum_{i=1}^{m}(x_{it}-x'_{it})^2/\sum_{i=1}^{m}s_i^2} \tag{7-1}$$

式（7-1）中，x_{it}和x'_{it}分别表示系统的实际状态和理想状态，$s_i=\max\{|x_{it}-x'_{it}|\}$，表示各变量的实际值与理想值的最大可能距离。对于$V1$和$V2$两个系统而言，其欧氏距离公式为：

$$d(V_1V_2)=\sqrt{\frac{(x_{V1t}-x'_{V1t})^2+(x_{V2t}-x'_{V2t})^2}{S_{V1}^2+S_{V2}^2}} \tag{7-2}$$

式（7-2）中，$d(V_1V_2)$为$V1V2$系统整体的实际状态与理想状态的距离。$d(V_1V_2)$的值越大，说明系统整体的实际值与理想值的距离也就越大。在$d(V_1V_2)$的基础上，可以将距离协调度的基本公式设定为：

$$C_t=\left(\sqrt{(1-d(V_1V_2))}\right)^k \tag{7-3}$$

式（7-3）中，C_t为t时期系统整体的协调度。容易证明，$c_t\in[0,1]$，c_t的值越大，表明系统的协调度越高；式中k为调节系数，两个系统时k取值为2。

设两个子系统$V1$和$V2$之间存在着内在的互动关系，则$V1$和$V2$之间理想的协调状态为：

$$(x'_{V1t},\ x'_{V2t})^T=(x_{V2t},\ x_{V1t})^T \tag{7-4}$$

将式（7-4）代入式（7-2）和式（7-3），并令$k=2$，可以推导出$V1$与

① 汤铃，李建平，余乐安，覃东海．基于距离协调度模型的系统协调发展定量评价方法［J］．系统工程理论与实践，2010，4：594-602.

V2 的距离协调度模型：

$$C_t = \sqrt{1 - \sqrt{\frac{(x_{V1t} - x_{V2t})^2 - (x_{V2t} - x_{V1t})^2}{2}}} = 1 - |x_{V1t} - x_{V2t}| \quad (7-5)$$

在距离协调度模型的基础上可以构建协调度评价模型。协调度评价模型包括综合发展度模型、协调度模型和协调发展模型。

综合发展度模型为：

$$T_t = \alpha V_1 + \beta V_2 \quad (7-6)$$

式（7－6）中，T_t 为 V1 和 V2 系统的综合发展度，反映了两个系统的整体发展情况；α、β 为 V1、V2 两个系统的权重，对于两个同等重要的系统来说，通常 α 和 β 各取 0.5。

协调发展度模型为：

$$D_t = \sqrt{C_t \times T_t} \quad (7-7)$$

式（7－7）中，D_t 为协调发展度。协调发展度模型是综合发展度和协调度的统一，既能够反映两个系统的综合发展水平，又能够衡量两个系统之间的“和谐匹配”的状态，具有广泛的应用。

借鉴程进、於忠祥（2014）的做法，本章将协调发展度的等级划分为两个大类：失调状态和协调状态。失调状态按照程度的由重到轻，可以分为极度失调、严重失调、中度失调、轻度失调和濒临失调五个等级；协调状态按照程度的由小到大，分为勉强协调、初级协调、中级协调、良好协调和优质协调五个等级。

表7－1　协调发展度的等级划分

协调发展度系数	协调等级	协调发展度系数	协调等级
0～0.100	极度失调	0.501～0.600	勉强协调
0.101～0.200	严重失调	0.601～0.700	初级协调
0.201～0.300	中度失调	0.701～0.800	中级协调
0.301～0.400	轻度失调	0.801～0.900	良好协调
0.401～0.500	濒临失调	0.901～1.00	优质协调

7.1.2 指标体系选取及权重确定

本着前后一致的原则，本节沿用第6章构建的产业结构和城市化综合评价指标体系的指标和数据来进行协调度的评价和分析，具体的计算方法选用熵值法。

7.1.2.1 熵值法简介

在综合评价指标体系中，评价指标的权重反映了每个指标对评价体系的重要程度。指标的权重是否科学、合理直接影响评价结果的准确性。确定指标权重的方法主要有主观赋权法和客观赋权法两类。考虑到主观赋权法易受研究者的主观判断和自身知识等因素的影响，存在较大的局限性，本章选取客观赋权法中的熵值法来计算产业结构和城市化综合评价指标体系中各评价指标的权重值。

最早提出“熵”概念的是德国物理学家鲁道夫·克劳修斯（R. Clausis，1850），这一概念后来被广泛应用于生物科学、社会经济、工程技术等领域。熵值法是建立在信息论基础上的一种权重计算方法，能够在很大程度上避免主观因素带来的偏差。其基本原理是：熵是对不确定性的一种度量，信息量越大，不确定性就越小，熵也就越小；信息量越小，不确定性就越大，熵也就越大。根据熵的特性，可以通过计算熵值来确定评价指标的权重。具体步骤如下：

（1）数据标准化处理。由于各项指标的计量单位不统一，因此在运用它们计算综合得分之前，先要对原始数据进行标准化处理，将指标的绝对值转化为相对值，从而对不同质指标进行同质化处理。对于正向指标和负向指标，采用不同的方法进行正向化处理。

正向指标：$$X'_{ij}=\frac{X_{ij}-\min\{X_j\}}{\max\{X_j\}-\min\{X_j\}} \tag{7-8}$$

负向指标：$$X'_{ij}=\frac{\max\{X_j\}-X_{ij}}{\max\{X_j\}-\min\{X_j\}} \tag{7-9}$$

（2）计算第 i 年第 j 项指标值的比重，计算公式如下：

$$Y_{ij}=\frac{X'_{ij}}{\sum_{i=1}^{m}X'_{ij}} \tag{7-10}$$

式中，m 为指标的评价年数。

（3）计算第 j 项指标的信息熵，式中，$k>0$，$k=1/\ln m$。计算公式如下：

$$e_j = -k\sum_{i=1}^{m}(Y_{ij}\times \ln Y_{ij}) \tag{7-11}$$

（4）计算信息熵冗余度，计算公式如下：

$$d_j = 1 - e_j \tag{7-12}$$

某项指标的信息效用价值取决于该指标的信息熵 e_j 与1之间的差值，它的值直接影响权重的大小。信息效用值越大的指标，权重也就越大。

（5）计算指标权重，计算公式如下：

$$W_i = d_j/\sum_{j=1}^{n} d_j \tag{7-13}$$

（6）计算单指标评价得分及总得分，计算公式如下：

$$S_{ij} = W_i \times X'_{ij} \tag{7-14}$$

$$S_i = \sum_{j}^{n} S_{ij} \tag{7-15}$$

式中，n 为指标数，S_i 为第 i 年指标总得分。

7.1.2.2　我国产业结构与城市化评价体系的指标权重的计算

根据1992～2014年我国产业结构和城市化评价指标体系的数据，依照熵值法的计算步骤，可以计算出我国产业结构与城市化评价体系的各个指标所占的权重，计算结果见表7－2和表7－3。

表7－2　产业结构评价指标体系的权重

准则层	领域层	指标层	权重
农业现代化的评价指标（28.59%）	生产能力	人均一产产值（以1992年价格为基期）	0.0519
	人力资源利用情况	一产就业人数占总就业人数比重（%）	0.0416
	农民生活水平	农村居民家庭恩格尔系数（%）	0.0269
	农业技术水平	农业机械动力（万瓦/公顷）	0.1612
	农业内部结构状况	非种植业占农业的比重（%）	0.0044

续表

准则层	领域层	指标层	权重
新型工业化的评价指标（45.46%）	生产能力	人均二产产值（以1992年价格为基期）	0.0224
	人力资源利用情况	二产就业人数占总就业人数比重（%）	0.0184
	科技含量	高科技产业占GDP的比重（%）	0.2772
	经济效益	工业企业的税前收入利润率（%）	0.0136
	资源消耗情况	单位工业产值的能耗情况（吨标准煤/万元）	0.0630
	对环境的影响状况	单位GDP的废气排放量（吨）	0.0599
服务业现代化的评价指标(25.95%)	生产能力	人均三产产值（以1992年价格为基期）	0.0302
	人力资源利用情况	三产就业人数占总就业人数比重（%）	0.0399
	发展程度、结构状况	代表性生产服务业占三产比重（%）	0.0176
	信息化水平	信息产业占GDP的比重（%）	0.1348
	生活服务能力	代表性生活服务业占GDP比重（%）	0.0371

表7-3 城市化评价指标体系的权重

准则层	领域层	指标层	权重
人口城市化（9.07%）	人口城市化率	城市常住人口占总人口的比例（%）	0.0759
	人口密度情况	建成区人口密度（人/平方公里）	0.0148
土地城市化（43.47%）	土地利用数量	我国的城市建成区面积（平方公里）	0.1921
	土地投资情况	建成区地均投资额（亿元/平方公里）	0.1750
	土地环境状况	建成区绿化覆盖率（%）	0.0676
经济城市化（16.78%）	生产情况	非农产业产值占GDP比例（%）	0.0035
	就业情况	城镇就业人员占总就业的比例（%）	0.0682
	居民收入水平	城镇居民人均可支配收入	0.0645
	居民消费水平	城镇居民家庭恩格尔系数（%）	0.0316
社会城市化（30.68%）	城市公共设施状况	人均拥有道路长度（米）	0.0316
	居民生活设施状况	城市水普及率（%）	0.0716
	文化教育水平	高中生升学率（%）	0.1011
	医疗卫生水平	千人拥有卫生人员数（人/千人）	0.0686
	社会保障水平	城市养老保险覆盖率（%）	0.0339

7.1.3 我国产业结构与城市化协调度测算与分析

根据熵值法计算出来的指标权重，将标准化处理的数据与各项指标的权重进行加权求和，就可以计算出 1992 ~ 2014 年我国产业结构与城市化的发展水平。具体计算结果见表 7 – 4。

表 7 – 4 1992 ~ 2014 年我国产业结构与城市化的发展水平

年份	产业结构	城市化	年份	产业结构	城市化
1992	0.1066	0.0579	2004	0.5459	0.4817
1993	0.1403	0.1186	2005	0.5441	0.5238
1994	0.2055	0.1550	2006	0.5462	0.5513
1995	0.2523	0.1883	2007	0.5619	0.5918
1996	0.2798	0.2104	2008	0.6426	0.6487
1997	0.3210	0.2227	2009	0.6611	0.7152
1998	0.3327	0.2412	2010	0.6793	0.7808
1999	0.3536	0.2949	2011	0.7228	0.8202
2000	0.4027	0.3028	2012	0.7645	0.8894
2001	0.4197	0.3494	2013	0.7996	0.9389
2002	0.4282	0.3908	2014	0.8248	0.9852
2003	0.4164	0.4434	平均	0.4762	0.4740

通过表 7 – 4 可以看出，1992 ~ 2014 年，我国产业结构与城市化的发展水平逐年提升，但是二者的发展水平和发展速度存在较大的差异。在 2006 年以前，除了 2003 年外，我国的产业结构发展水平都高于城市化发展水平。但是，由于从 20 世纪 90 年代末起，我国城市化的发展速度逐渐赶上并超过了产业结构的发展速度，因此，自 2006 年以后，我国的城市化发展水平高于产业结构水平。

将我国产业结构与城市化的发展水平代入距离协调度模型的计算公式，可以分别计算出 1992 ~ 2014 年我国产业结构与城市化的综合发展度、协调度和协调发展度。计算结果见表 7 – 5。

表 7-5　1992~2014 年我国产业结构与城市化的协调度评价

年份	产业结构水平	城市化水平	综合发展度	协调度	协调发展度
1992	0.1066	0.0579	0.0823	0.9514	0.2798
1993	0.1403	0.1186	0.1295	0.9783	0.3559
1994	0.2055	0.1550	0.1803	0.9495	0.4137
1995	0.2523	0.1883	0.2203	0.9360	0.4541
1996	0.2798	0.2104	0.2451	0.9306	0.4776
1997	0.3210	0.2227	0.2718	0.9017	0.4951
1998	0.3327	0.2412	0.2870	0.9086	0.5106
1999	0.3536	0.2949	0.3242	0.9413	0.5525
2000	0.4027	0.3028	0.3527	0.9001	0.5635
2001	0.4197	0.3494	0.3846	0.9297	0.5980
2002	0.4282	0.3908	0.4095	0.9626	0.6279
2003	0.4164	0.4434	0.4299	0.9731	0.6468
2004	0.5459	0.4817	0.5138	0.9358	0.6934
2005	0.5441	0.5238	0.5339	0.9798	0.7233
2006	0.5462	0.5513	0.5487	0.9950	0.7389
2007	0.5619	0.5918	0.5768	0.9701	0.7480
2008	0.6426	0.6487	0.6456	0.9939	0.8010
2009	0.6611	0.7152	0.6881	0.9459	0.8068
2010	0.6793	0.7808	0.7301	0.8985	0.8099
2011	0.7228	0.8202	0.7715	0.9026	0.8345
2012	0.7645	0.8894	0.8270	0.8751	0.8507
2013	0.7996	0.9389	0.8692	0.8606	0.8649
2014	0.8248	0.9852	0.9050	0.8396	0.8717

从表 7-5 可以看出，我国产业结构的发展水平、城市化的发展水平、二者的综合发展度、协调发展度都有了很大的提高，但是协调度却存在着较大的起伏波动。将表 7-5 的计算结果用 Excel 可视化，可以更好地观察我国产业结构与城市化的协调度状况。

根据表 7-5 的计算结果和图 7-1 的图形展示，可以概括出 1992~2014 年我国产业结构与城市化协调度的演变情况，并总结归纳其中的原因。

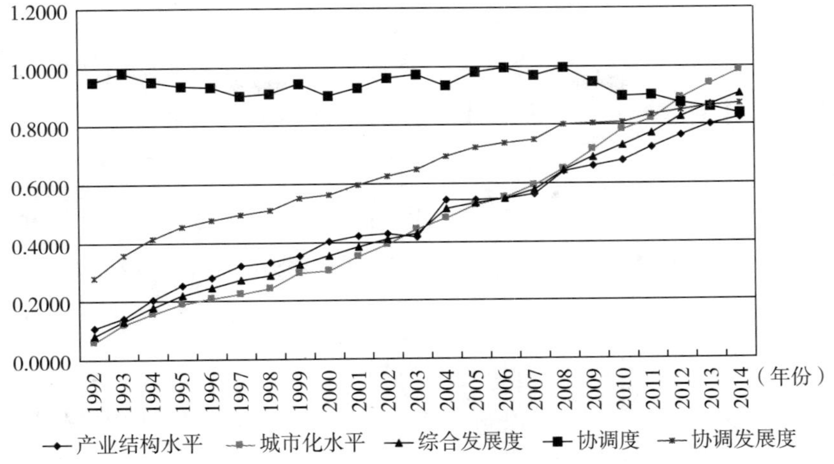

图7－1　1992～2014年我国产业结构与城市化协调度变动状况

（1）我国产业结构与城市化的综合发展度在逐渐提高。综合发展度反映的是两个系统的平均水平。由于我国产业结构与城市化的发展水平逐年提高，因此我国产业结构与城市化的综合发展度逐渐提高，从1992年到2014年保持了较快的发展速度。

（2）我国产业结构与城市化的协调度保持在较高水平，但存在着较大的起伏波动。协调度反映的是两个系统之间“协调匹配”的状态，表现在发展水平与发展速度的一致性。从计算结果来看，我国产业结构与城市化的协调度保持在较高的水平，最高的2006年达到0.9950，最低的2014年也达到0.8396。但是，二者的协调度存在着较大的起伏波动，表现出一定程度的不稳定性。究其原因，主要在于我国产业结构与城市化的发展水平与发展速度存在着较大的不平衡性。从1992年到2006年，我国产业结构的发展水平整体高于城市化的发展水平。但是从20世纪90年代末起，我国城市化发展迅速并超过了产业结构发展的速度，因此2006年以后我国城市化发展水平超过了产业结构的水平，且二者的差距呈逐渐扩大的趋势，导致从2006年到2014年，我国产业结构与城市化的协调度逐年下降。对此，我们应该给予足够的重视。

（3）我国产业结构与城市化的协调发展度逐年提高，但增长速度趋于平缓。协调发展度是综合发展度与协调度的统一，既能反映两个系统的综合发展水平，又能反映两个系统的协调程度。由于我国产业结构与城市化的综合发展度在逐年提高，但是协调度近10年来逐渐下降，因此二者的协调发展度虽然也在逐渐提高，但是增长速度趋于平缓。这说明我国产业结构与城市化互动发展中仍然存在着一些问题与不足。

之所以出现上述情况，主要原因在于我国从1992年起开始实行社会主义市场经济体制，市场机制在资源配置中起到了基础性作用，给产业结构与城市化协调发展创造了制度条件。同时，我国政府大力推进产业结构升级和城市化发展，也取得了很大的成效。但是，产业结构演进并不是影响城市化发展的唯一原因，城市化发展受政府政策和房地产业的影响程度也较大。因此，我国城市化高速发展并超过产业结构发展而出现较大的差距，这种情况不利于二者的长远发展，应该引起足够的重视。

7.2 我国省际产业结构与城市化协调度比较分析

由于我国幅员辽阔，不同地区的实际情况和发展环境存在着较大差异。为了进一步研究我国产业结构与城市化协调度的省际差异情况，本节选取2014年我国31个省（市）的统计资料，采用距离协调度模型和熵值法来对我国省际产业结构与城市化协调度进行比较分析。

7.2.1 省际评价指标体系的选取

本着前后一致的原则，本节沿用第6章构建的产业结构和城市化的综合评价指标体系，基于省际数据来开展研究。由于各省统计年鉴的统计口径、统计项目有所差异，有些全国采取的指标在分省统计资料中无法全部找到。针对这种情况，本节在主要采取原有综合评价指标体系的基础上，对于数据不可得的指标进行了同类替换。具体的评价指标情况如下：

7.2.1.1　产业结构的评价指标体系

产业结构的评价指标体系仍然选用农业现代化、新型工业化、服务业现代化三个维度的指标体系。由于省际数据的不可得性，农民生活水平的指标改用“人均农村居民消费支出（元）”来表示；科技含量的指标改用“工业新产品销售收入与新产品开发经费支出”来衡量；资源消耗情况选用“单位 GDP 的电力消耗情况（千瓦/万元）”来衡量；对环境的影响状况用“人均废气污染物排放量（吨）”来表示，信息化水平采用“企业信息化水平”中的“百人使用计算机数”来表示。其他大多数指标不变，其选择的依据与第 6 章一致。具体选取的指标和计算方法见表 7－6。

表 7－6　我国分省市产业结构评价指标体系

准则层	领域层	指标层	属性
农业现代化的评价指标	生产能力	人均一产产值（元）	+
	人力资源利用情况	一产就业人数占总就业人数比重（%）	-
	农民生活水平	人均农村居民消费支出（元）	+
	农业技术水平	农业机械动力（瓦/公顷）	+
	农业内部结构状况	非种植业占农业的比重（%）	+
新型工业化的评价指标	生产能力	人均二产产值（以 1992 年价格为基期）	+
	人力资源利用情况	二产就业人数占总就业人数比重（%）	+
	科技含量	工业新产品销售收入与新产品开发经费支出（%）	+
	经济效益	工业企业的税前收入利润率（%）	+
	资源消耗情况	单位 GDP 的电力消耗情况（千瓦/万元）	-
	对环境的影响状况	人均废气污染物排放量（吨）	-
服务业现代化的评价指标	生产能力	人均三产产值（以 1992 年价格为基期）	+
	人力资源利用情况	三产就业人数占总就业人数比重（%）	+
	发展程度、结构状况	代表性生产服务业占三产比重（%）	+
	信息化水平	企业信息化水平（百人使用计算机数）	+
	生活服务能力	代表性生活服务业占 GDP 比重（%）	+

7.2.1.2 城市化的评价指标体系

城市化的评价指标体系仍然沿用人口城市化、土地城市化、经济城市化和社会城市化的四个维度的指标体系。在土地城市化的指标体系中，由于不同地区的城市面积存在较大差异，建成区面积最高的省份相当于最低省份的6倍，因此本章采用“人均建成区面积”来反映土地的利用情况。在社会城市化的指标体系中，由于数据可得性的原因，选取“高中生师生比”来反映教育的发展水平；选取“城市医疗保险覆盖率（%）”来反映社会保障水平。其他的指标不变，选择的依据与第6章一致。具体选取的指标和计算方法见表7-7。

表7-7 我国分省市城市化评价指标体系

准则层	领域层	指标层	属性
人口城市化	人口城市化率	城镇常住人口占总人口的比例（%）	+
	人口密度情况	建成区人口密度（人/平方公里）	+
土地城市化	土地利用数量	人均建成区面积（平方公里）	+
	土地投资情况	地均投资额（亿元/平方公里）	+
	土地环境状况	建成区绿化覆盖率（%）	+
经济城市化	生产情况	非农产业产值占GDP比例（%）	+
	就业情况	城镇就业占总就业的比例（%）	+
	居民收入水平	城镇居民人均可支配收入（元）	+
	居民消费水平	城镇居民人均消费支出（元）	+
社会城市化	城市公共设施状况	人均道路面积（平方米）	+
	居民生活设施状况	城市水普及率（%）	+
	文化教育水平	高中生师生比	-
	医疗卫生水平	千人拥有卫生人员数（人/千人）	+
	社会保障水平	城市医疗保险覆盖率（%）	+

7.2.2 我国省际产业结构与城市化协调度测算与分析

本节指标的数据来源于2015年的《中国统计年鉴》和各省份的统计年鉴，

对于存在个别不可得的数据，我们进行了缺失值处理。具体的计算方法与第7.1节相同：先对原始数据进行标准化处理，再根据熵值法计算出各指标的权重，接着通过各标准化数据与指标权重加权求和的办法计算出我国分省份产业结构与城市化的发展水平，最后将产业结构与城市化发展水平的数据代入到距离协调度模型中，可以分别计算出我国分省市产业结构与城市化的综合发展度、协调度和协调发展度。计算结果见表7-8。

表7-8 2014年我国分省份产业结构与城市化协调度评价

区域	省份	产业结构水平	城市化水平	综合发展度	协调度	协调发展度	排名
东部	北京	0.7848	0.7692	0.7770	0.9844	0.8746	1
东部	上海	0.6524	0.6764	0.6644	0.9760	0.8053	2
东部	天津	0.6453	0.5619	0.6036	0.9166	0.7438	3
东部	浙江	0.5523	0.6134	0.5828	0.9389	0.7397	4
东部	江苏	0.5404	0.5622	0.5513	0.9782	0.7344	5
东部	广东	0.4754	0.5134	0.4944	0.9620	0.6896	6
东部	福建	0.4595	0.4799	0.4697	0.9796	0.6783	7
东部	辽宁	0.4632	0.4528	0.4580	0.9895	0.6732	8
东部	山东	0.4186	0.4671	0.4428	0.9515	0.6491	9
西部	内蒙古	0.4112	0.4284	0.4198	0.9828	0.6423	10
东部	海南	0.4199	0.4040	0.4119	0.9841	0.6367	11
西部	陕西	0.3810	0.4098	0.3954	0.9713	0.6197	12
西部	重庆	0.3861	0.3806	0.3833	0.9945	0.6174	13
中部	江西	0.3707	0.3863	0.3785	0.9843	0.6104	14
中部	湖北	0.3765	0.3681	0.3723	0.9915	0.6076	15
东部	河北	0.3608	0.4044	0.3826	0.9565	0.6049	16
中部	吉林	0.4314	0.3484	0.3899	0.9170	0.5980	17
中部	湖南	0.3456	0.3807	0.3631	0.9649	0.5919	18
中部	黑龙江	0.3630	0.3463	0.3547	0.9833	0.5906	19
西部	新疆	0.3306	0.4438	0.3872	0.8868	0.5860	20

续表

区域	省份	产业结构水平	城市化水平	综合发展度	协调度	协调发展度	排名
中部	安徽	0.3355	0.3550	0.3452	0.9804	0.5818	21
西部	西藏	0.3505	0.3311	0.3408	0.9806	0.5781	22
西部	青海	0.3029	0.3941	0.3485	0.9089	0.5628	23
西部	四川	0.3476	0.2795	0.3136	0.9319	0.5406	24
中部	河南	0.3228	0.2833	0.3030	0.9605	0.5395	25
中部	山西	0.2482	0.3882	0.3182	0.8599	0.5231	26
西部	宁夏	0.2422	0.4072	0.3247	0.8350	0.5207	27
西部	云南	0.2482	0.3330	0.2906	0.9153	0.5157	28
西部	广西	0.3020	0.2526	0.2773	0.9506	0.5134	29
西部	贵州	0.2357	0.2121	0.2239	0.9764	0.4676	30
西部	甘肃	0.1777	0.2351	0.2064	0.9426	0.4411	31
平均		0.3962	0.4151	0.4056	0.9528	0.6154	

根据表 7－8 的计算结果，可以对 2014 年我国分省市产业结构与城市化协调度状况进行评价与分析。

（1）我国分省份产业结构与城市化的协调度普遍较高，差异较小。协调度反映的是两个系统之间的“协调匹配”状态，表现为二者发展水平与发展速度的一致性。由于产业结构与城市化存在着内在的互动关系，且二者之间的相互影响、相互作用具有明显的规律性。因此我国分省份产业结构与城市化的协调度普遍较高，差异较小。2014 年二者协调度最高的重庆市为 0.9945，最低的宁夏回族自治区也达到了 0.8350。这从省际资料的角度进一步证明了产业结构与城市化之间密切的互动关系。

（2）我国分省份产业结构与城市化的协调发展度存在着明显的差异性。这种差异性表现在两个方面：第一，我国不同省份产业结构与城市化的协调发展度存在明显的省际差异。由于综合发展度取决于产业结构与城市化的加权平均值，因此能够综合反映一个地区的产业结构与城市化发展状况。从这一指标来看，综合发展度最高的北京达到 0.7770，最低的甘肃只有 0.2064，差距非常明显。协调发展度是综合发展度与协调度的统一，既能反映两个系统的综合发展程度，又能反映二者的协调程度。从这一指标来看，2014 年北京的协调发展度最高，达到 0.8746，属于良好协调型；甘肃的协调发展度最低，数据为 0.4411，属于濒临失调型。在我国 31 个省份中，北京和上海已经达到了良好协调型的水平，但是甘肃和贵州还处于濒临失调型状况。这说明我国的经济发展存在着较大的不平衡性，不同省份产业结构与城市化发展水平存在着较大的差异。第二，我国不同省份产业结构与城市化的协调发展度存在着明显的区域差异。2014 年，我国东部地区省份产业结构与城市化的协调发展度整体排名靠前，在前十名中占据了前 9 位，只有农业大省河北和面积、人口较少的海南排名稍微靠后，处于十几名的水平。中部地区省份产业结构与城市化的协调发展度总体上处于东部地区之后、西部地区之前，居于中游水平。西部地区省市产业结构与城市化的协调发展度总体上处于东部地区和中部地区之后。但是也有一些例外，如地处西部的内蒙古自治区进入了前十名，位居第 10 名。总的来看，我国分省份产业结构与城市化的协调发展度呈现较为明显的区域差异。

（3）我国分省份的产业结构与城市化存在的共性问题是城市化水平高于产业结构水平。具体表现在两个方面：第一，从平均值来看，2014 年我国各省份城市化的平均水平为 0.4151，产业结构的平均水平为 0.3962，城市化水平高于产业结构水平。第二，从各省份的具体情况来看，在我国 31 个省份中，2014 年产业结构水平高于城市化水平的有北京、天津、重庆等 13 个省份，城市化水平高于产业结构水平的有上海、广东、山东等 18 个省份。总的来说，我国分省市城市化水平是高于产业结构水平的。这种状况与全国整体的发展情况是一致的，说明我国的产业结构优化升级的动力不足，而城市化却较快地发展，二者之间存在着发展水平与速度的差异性。

之所以我国分省份产业结构与城市化的协调发展度存在着明显的差异性，原因是多方面的。首先，产业结构与城市化作为现代经济增长的两个结构特征，它们的发展水平从根本上说是由不同省市和区域的经济发展水平决定的。我国的区域经济发展客观存在着东部、中部、西部依次递减的经济实力差距，这种差距会反映到产业结构与城市化协调发展度的评价中。其次，供给因素、需求因素和国际贸易与国际投资等因素起了很重要的作用。东部地区由于处于沿海地区，交通便利，较多地吸引了国际投资，发展了对外贸易，并有效地整合利用了中部、西部的经济资源。最后，改革开放以后，我国的经济发展战略由均衡型转为非均衡型，率先在东部沿海地区实行改革开放政策。我国的改革开放格局呈现由东部向中部、西部拓展的特点。东部沿海地区较早地进行了市场化导向的改革，也较早地利用了国际贸易和国际投资，取得了先发优势。

7.3 我国产业结构与城市化互动效应分析

通过 1992 ~ 2014 年我国产业结构与城市化的协调度评价与分析，可以看出我国产业结构与城市化的协调发展度有了较大的提高，但是协调度却在近几年出现了下降。因此我国产业结构与城市化的互动发展虽然取得了很大的成绩，但是仍然存在着一些困难和问题。为此，本节引入 PLS 模型对我国产业结构和城市化的互动效应进行计量分析，在定量研究的基础上寻找影响二者协调发展的现实问题。

7.3.1 PLS 模型简介

PLS 模型（Partial Least Squares Regression，PLS），也叫作偏最小二乘回归模型，是一种新型的多元统计分析方法。1983 年，伍德（S. Wold）和阿巴诺（C. Albano）等首次提出这一模型并成功地将它应用在化学领域。目前，PLS 模型已经被广泛地应用于生物信息学、经济管理、工程技术、医学等领域。

PLS 模型在回归建模过程中采用信息综合与筛选技术，在变量系统中提取若干对系统具有最佳解释能力的新综合变量（又称为成分），然后对它们进行回归建模。它将建模类型的预测分析方法与非模型式的数据内涵分析方法有机地结合起来，可以集多元线性回归分析、典型相关分析和主成分分析的基本功能为一体，在对较为复杂的系统进行统计分析时，具有较为明显的技术优势。

7.3.1.1 建模原理

假设有 q 个因变量 $\{y_1, y_2, \cdots, y_q\}$ 和 p 个自变量 $\{x_1, x_2, \cdots, x_p\}$。研究时我们选取了 n 个样本，由此构成了自变量 X 与因变量 Y 的数据表 $X = \{x_1, x_2, \cdots, x_p\}$ 和 $Y = \{y_1, y_2, \cdots, y_q\}$。偏最小二乘回归分别在 X 与 Y 中提取出相关程度最大且最有可能携带各自变异信息的成分 t_1 和 u_1。在第一个成分 t_1 和 u_1 被提取后，分别实施 X 对 t_1 和 Y 对 u_1 的回归。如果回归结果没有达到满意的精度，将继续利用解释后的残余信息进行第二轮的成分提取。如此循环，直到计算结果达到一个较满意的精度为止。假如最终对 X 共提取了 m 个成分 $t_1, t_2, \cdots, t_m$，*PLS* 模型将通过实施 y_k 对 $t_1, t_2, \cdots, t_m$ 的回归，然后再表达成 y_k 关于原变量 $x_1, x_2, \cdots, x_m$ 的回归方程，$k=1, 2, \cdots, q$。

7.3.1.2 计算方法简介

（1）数据的标准化处理。X 经标准化处理后的数据矩阵记为 $E_0 = (E01, E02, \cdots, E0P)\ nxp$。

Y 经标准化处理后的数据矩阵记为 $F_0 = (F01, F02, \cdots, F0P)\ nxp$。

（2）提取成分。首先，记 t_1 是 E_0 的第一个成分，记 u_1 是 F_0 的第一个成分，做普通线性回归，求出三个回归方程为：

$$E_0 = t_1 p'_1 + E_1 \tag{7-16}$$

$$F_0 = u_1 q'_1 + F_1^* \tag{7-17}$$

$$F_0 = t_1 r'_1 + F_1 \tag{7-18}$$

式中，回归系数向量是：

$$p_1 = \frac{E'_0 t_1}{\| t_1 \|^2} \tag{7-19}$$

$$q_1 = \frac{F'_0 u_1}{\| u_1 \|^2} \tag{7-20}$$

$$r_1 = \frac{F'_0 t_1}{\| t_1 \|^2} \tag{7-21}$$

其中 E_1，F_1^*，F_1 分别是三个回归方程的残差矩阵。

其次，用残差矩阵 E_1 和 F_1 求第二个成分 t_2，u_2。如此计算下去，如果 X 的秩是 A，则会有：

$$E_0 = t_1 p'_1 + \cdots + t_A p'_A \tag{7-22}$$

$$F_0 = t_1 r'_1 + \cdots + t_A r'_A + F_A \tag{7-23}$$

上式还原成回归方程，其中 F_{AK} 表示残差距阵 F_A 的第 k 列。即为：

$$y_k^* = \alpha_{k1} x_1^* + L + \alpha_{kp} x_p^* + F_{Ak} (k = 1, 2, \cdots, q) \tag{7-24}$$

（3）交叉有效性。变量 y_k 定义为：

$$Q_{hk}^2 = 1 - \frac{PRESS_{hk}}{SS_{(h-1)k}} \tag{7-25}$$

成分 t_n 的交叉有效性定义为：

$$Q_h^2 = 1 - \frac{\sum_{k=1}^{q} PRESS_{hk}}{\sum SS_{(h-1)k}} = 1 - \frac{PRESS_h}{SS_{(h-1)}} \tag{7-26}$$

成分 t_n 对预测模型精度的边际贡献有两个尺度。一是 $Q_h^2 \geqslant (1-0.95^2) = 0.0975$ 时，t_n 的边际贡献是显著的。二是至少有一个 k（$k=1, 2, \cdots, q$）使 $Q_h^2 \geqslant 0.0975$，这时增加成分 t_n 至少使一个因变量 y_k 的预测模型得到显著的改善，也可以说明增加成分 t_n 是明显有益的。

7.3.2 我国产业结构对城市化的动态效应分析

本着前后一致的原则，本节继续采用第 6 章建构的产业结构和城市化综合评价指标体系及数据进行研究。在对原始数据进行标准化处理后，将城市化的发展水平作为因变量 Y，将产业结构的各指标作为自变量（X1 ~ X16），代入偏最小二乘分析专用软件 SIMCA - P11.0 中进行操作，可以得到以下研究结果。

7.3.2.1 偏最小二乘回归分析

（1）有效性检验。从模型的拟合效果参数来看，提取一个 PLS 成分对城市化水平的交叉有效性是 0.9795，提取两个 PLS 成分对城市化水平的交叉有效性是 0.5461，系统自动提取了一个成分。此时，模型对城市化的解释能力为

0.9830，达到了很高的精度。

表 7－9　“产业结构对城市化影响”的模型拟合效果参数

Var ID (Primary)		R2VY	R2VY (cum)	Q2VY	Q2 limit	Q2VY (cum)
Total	Comp 1	0.9830	0.9830	0.9795	0.05	0.9795
	Comp2	0.0112	0.9942	0.5461	0.05	0.9907
Y	Comp1	0.9830	0.9830	0.9795	0.05	0.9795
	Comp2	0.0112	0.9942	0.5461	0.05	0.9907

（2）特异点的识别。从“产业结构对城市化影响”的 T^2 椭圆图来看，所有的样本点均分布在椭圆内，不存在特异点。因此，模型的拟合效果比较理想，不需要进行改动。

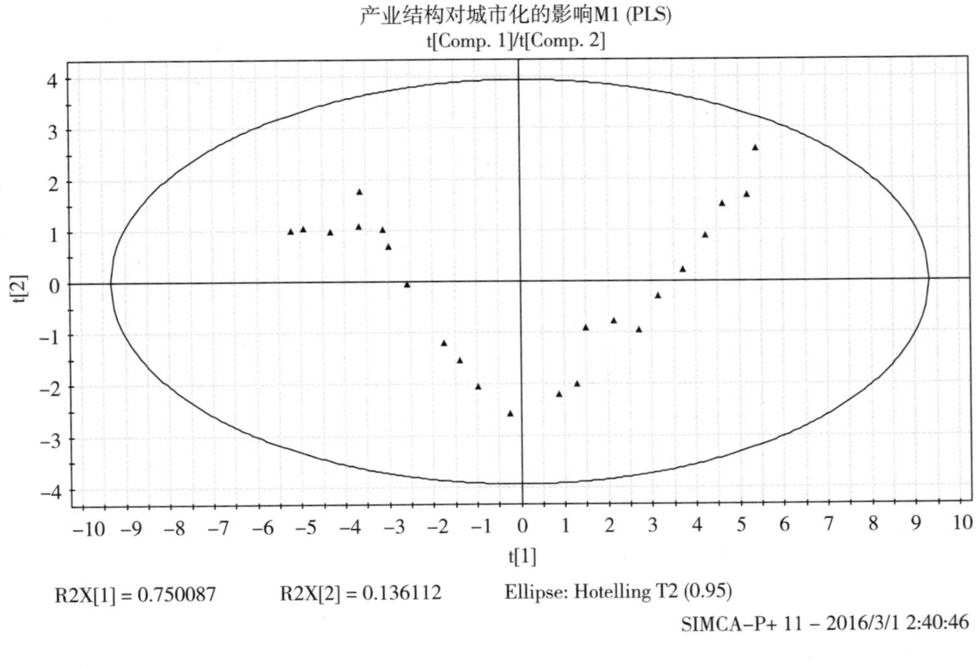

图 7－2　“产业结构对城市化影响”的 T^2 椭圆图

（3）回归系数计算。通过 SIMCA - P11.0 软件自动进行的迭代计算和处理，可以计算出模型的回归系数，见表 7 - 10。

表 7 - 10 “产业结构对城市化影响”的回归系数表

指标	Var ID (Primary)	M1. CoeffCS [2] (Y)
	$constant	1. 69067
人均一产产值（1992 年价格水平）	X1	0. 0917799
一产就业人数占总就业人数比重（%）	X2	0. 100351
农村居民家庭恩格尔系数（%）	X3	0. 084206
农业机械动力（万瓦/公顷）	X4	0. 087098
非种植业占农业的比重（%）	X5	0. 0127524
人均二产产值（1992 年价格水平）	X6	0. 0590365
二产就业人数占总就业人数比重（%）	X7	0. 0949225
高科技产业占 GDP 的比重（%）	X8	0. 0884674
工业企业的税前收入利润率（%）	X9	0. 0426303
单位工业产值的能耗情况（吨标准煤/万元）	X10	-0. 0623137
单位 GDP 的废气排放量（吨）	X11	-0. 0727093
人均三产产值（1992 年价格水平）	X12	0. 0924203
三产就业人数占总就业人数比重（%）	X13	0. 0877885
代表性生产服务业占三产比重（%）	X14	-0. 0244032
信息产业占 GDP 的比重（%）	X15	0. 0364767
代表性生活服务业占 GDP 比重（%）	X16	0. 0797394

通过回归系数表，可以得到城市化与产业结构 16 个变量的标准化的偏最小二乘回归模型：城市化 = 1. 69067 + 0. 092X1 + 0. 100X2 + … + 0. 080X16。

为了更直观地观测自变量对城市化的作用，可以绘制回归系数图，如图7 - 3所示。

通过回归系数表和回归系数图，可以看出，产业结构的各项指标对城市化的发展起到了不同的作用。在产业结构评价指标体系的 16 个指标中，对城市化起正向作用的指标有13个，起负向作用的指标有3个。总的来看，我国的产业结构对城市化发展起到了较好的促进作用。

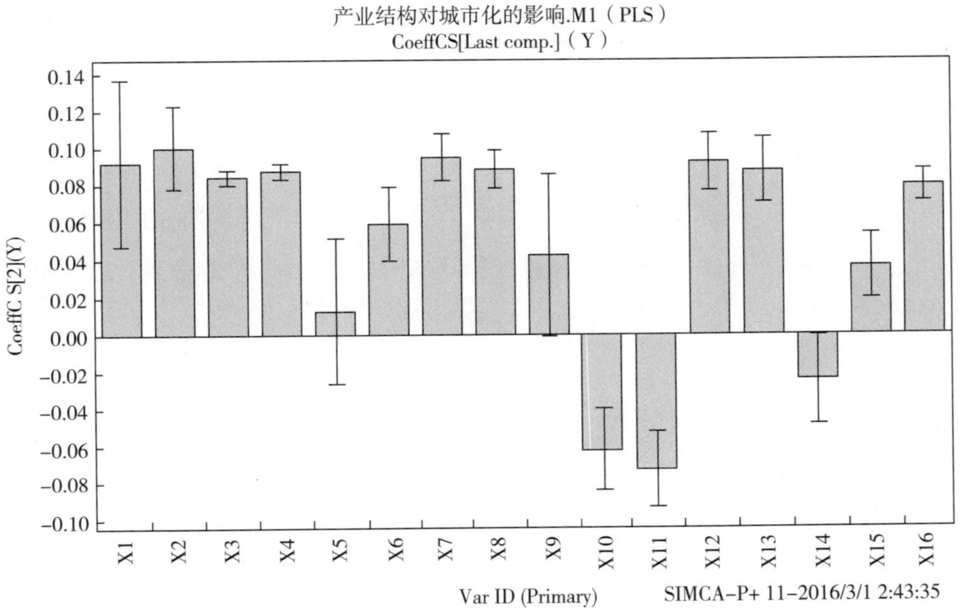

图7-3 “产业结构对城市化影响”的回归系数图

7.3.2.2 我国产业结构影响城市化发展的问题分析

通过PLS模型得到的各项结果，可以在定量分析的基础上归纳概括出当前我国产业结构中影响城市化发展的一些问题。

（1）第一产业中影响城市化发展的主要问题。在我国农业现代化的评价指标中，所有指标的影响系数均为正值，说明我国农业现代化建设取得了很大的成绩，对于城市化发展起到了较强的支撑作用。但是，“非种植业占农业比重”对城市化发展的影响程度较小。由于“非种植业占农业比重”反映的是农业内部结构状况，说明我国农业内部结构不够合理。

（2）第二产业中影响城市化发展的主要问题。在我国新型工业化的评价指标中，“单位工业产值的能耗情况”和“单位GDP的废气排放量”两个指标对于城市化的影响作用是负向的。由于这两个指标反映的是工业的资源能源利用能力和对环境的影响情况，说明长期以来我国工业发展主要依靠粗放型生产经营方式而实现，对于资源、能源和环境造成了很大的压力。在作用为正值的指标中，“人均二产产值”和“工业企业的收入利润率”对城市化的影响系数较小，说明我国工业的生产效率有待提高，工业企业的科技含量和附加值偏低。

（3）第三产业中影响城市化发展的主要问题。在我国服务业现代化的评价指标中，“代表性生产服务业占第三产业比重”对城市化发展的影响系数为负，说明我国第三产业的发展程度较低，内部结构也不合理。在正向作用的指标中，“信息产业占 GDP 比重”对产业结构的影响较小，说明我国的信息化水平还不够高。

7.3.3 我国城市化对产业结构的动态效应分析

本着前后一致的原则，本节沿用第 6 章建构的产业结构和城市化综合评价指标体系及数据进行研究。在对原始数据进行标准化处理后，将产业结构的发展水平作为因变量 Y，将城市化的各指标作为自变量（X1 ~ X14），代入到偏最小二乘分析专用软件 SIMCA – P11.0 中进行操作后，可以得到以下研究结果。

7.3.3.1 偏最小二乘回归分析

（1）有效性检验。从“城市化对产业结构影响”模型的拟合效果参数来看，提取一个 PLS 成分对城市化水平的交叉有效性是 0.9781，系统自动提取了一个成分。模型对产业结构的解释能力为 0.9787，达到了很高的精度。

表 7 – 11 “城市化对产业结构影响”的模型拟合效果参数

Var ID (Primary)		R2VY	R2VY (cum)	Q2VY	Q2 limit	Q2VY (cum)
Total	Comp 1	0.9787	0.9787	0.9781	0.05	0.9781
Y	Comp 1	0.9787	0.9787	0.9781	0.05	0.9781

（2）特异点识别。从“城市化对产业结构影响”的 T^2 椭圆图来看，不存在特异点。因此，模型的拟合效果比较理想，不需要进行改动。

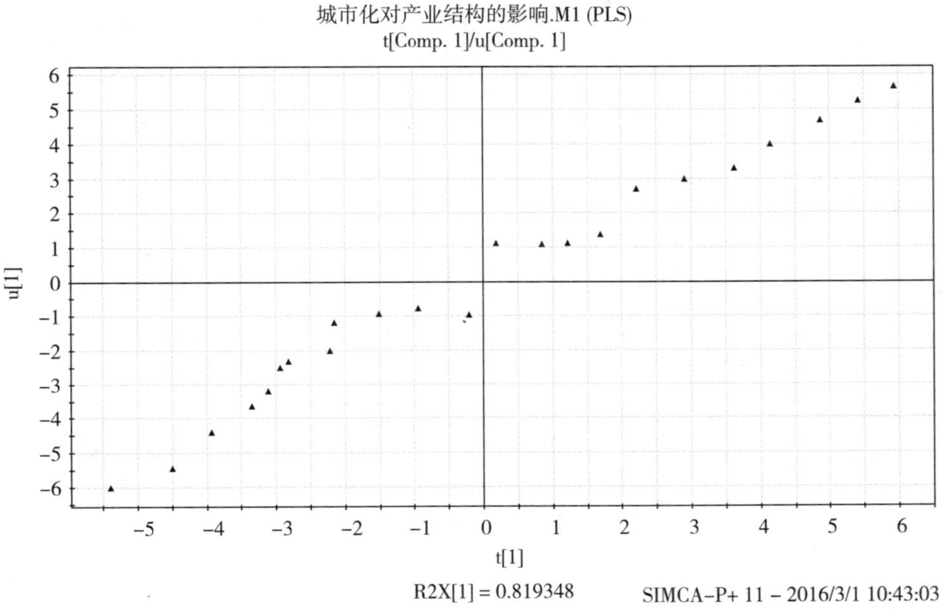

图7-4 “城市化对产业结构影响”的 T^2 椭圆图

（3）回归系数的计算。通过 SIMCA-P11.0 软件自动进行的迭代计算和处理，可以计算出模型的回归系数，见表7-12。

表7-12 “城市化对产业结构影响”的回归系数表

指标	VarID（Primary）	M1. CoeffCS [1]（Var_15）
	$constant	2. 25554
城镇常住人口占总人口的比例（%）	X1	0. 0862819
建成区人口密度（人/平方公里）	X2	-0. 0774431
我国的建成区面积（平方公里）	X3	0. 0856225
地均投资额（亿元/平方公里）	X4	0. 078782
建成区绿化覆盖率（%）	X5	0. 0859831

续表

指标	VarID（Primary）	M1. CoeffCS［1］（Var_15）
	$constanl	2. 25554
非农产业产值占 GDP 比例（%）	X6	0. 083142
城镇就业占总就业的比例（%）	X7	0. 0855769
城镇居民人均可支配收入	X8	0. 0825766
恩格尔系数（%）	X9	0. 0785308
人均道路长度（米）	X10	0. 0381003
城市水普及率（%）	X11	0. 0823648
高中生升学率（%）	X12	0. 0763616
千人拥有卫生人员数（人/千人）	X13	0. 064867
城市养老保险覆盖率（%）	X14	0. 0743212

通过回归系数表，可以得到产业结构与城市化 14 个变量的标准化的偏最小二乘回归模型：产业结构 =2. 256 +0. 086X1 –0. 077X2 + ··· +0. 074X14。

为了更直观地观测自变量解释城市化的作用，可以绘制回归系数图，如图 7 –5 所示。

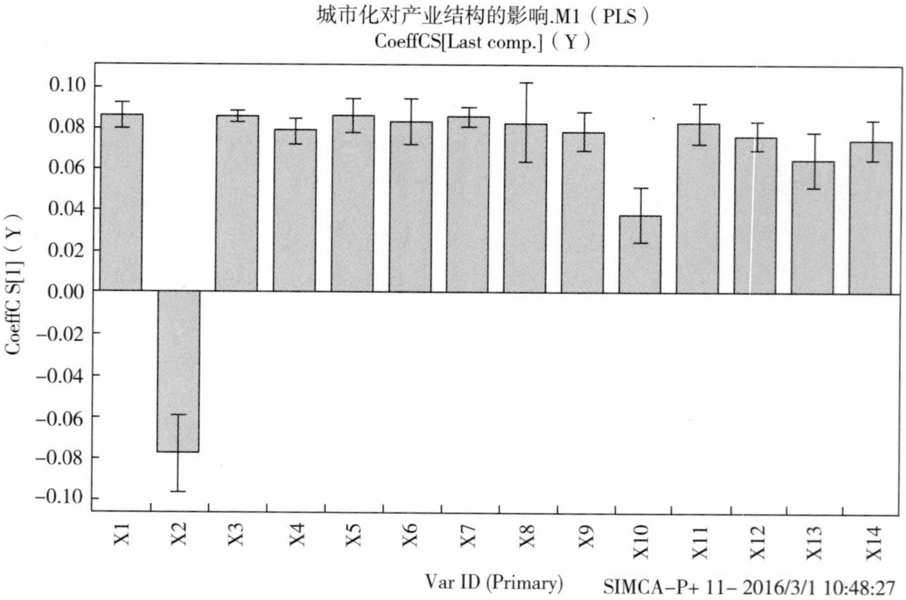

图 7 –5　“城市化对产业结构影响”的回归系数图

通过回归系数表和回归系数图，可以看出，城市化的各项指标对产业结构的发展起到了不同的作用。在城市化的14个指标中，对产业结构起正向作用的指标有13个，起负向作用的指标有1个。总的来看，我国的城市化对于产业结构的发展起到了较好的促进作用。

7.3.3.2 我国城市化影响产业结构发展的问题分析

通过PLS模型得到的各项结果，可以在定量分析的基础上归纳概括出当前我国城市化发展中影响产业结构的一些问题。

（1）我国城市化的空间集聚效应在下降。在城市化评价体系的14个指标中，只有“建成区人口密度”对产业结构的影响是负向的，且负向作用较为明显。“建成区人口密度”直接反映了人口在城市的集聚状况，间接反映的是企业和产业的集聚状况。这说明我国城市的空间集聚效应在下降，下降的主要原因在于土地城市化的速度超过了人口城市化。由于城市化的本质是资源在城市的空间集聚，因此对于这个问题必须给予足够的重视。

（2）我国城市化对产业结构的作用具有较为明显的投资拉动特征。在城市化的14个指标中，“建成区面积”“地均投资额”“建成区绿化覆盖率”等指标对于产业结构具有明显的正向作用。建成区面积的扩大、区绿化覆盖率的提高，需要建立在大规模投资的基础上，既会对产业结构演变产生投资乘数效应，也会对房地产业的发展起到较强的刺激作用。因此，我国城市化对产业结构的作用具有较为明显的投资拉动特征，在短期带动产业结构演变的同时存在着长期的隐患和风险。

（3）城市的交通状况影响产业结构与城市化发展。在城市化评价体系的14个指标中，“人均拥有道路长度”对产业结构起的虽然是正向作用，但是影响程度较小。“人均拥有道路长度”反映的是城市的交通设施状况，对于产业集聚和居民生活质量具有重要作用。我国“人均拥有道路长度”的问题，反映了我国交通设施的发展滞后，造成了我国城市中较为明显的拥堵现象，对于居民生活成本和企业的运输成本会产生不利的影响，也不利于产业结构与城市化的发展。

7.4 本章小结

本章的主要目的是从纵向和横向两个角度对我国整体和分省市产业结构与城市化的协调度进行测算和分析，并通过二者互动效应的实证研究来寻找影响产业结构与城市化协调发展的现实问题。

为此，引入距离协调度模型，首先对 1992 ~ 2014 年我国产业结构与城市化的协调度进行测算与分析。结果表明，我国产业结构与城市化的综合发展度和协调发展度逐渐提高，但协调度在近几年出现了一定程度的下降。这说明我国的产业结构与城市化总体上实现了良性互动和协调发展，但是二者的发展速度与发展水平存在着一定的差异。接着，对 2014 年我国分省市产业结构与城市化协调度进行测算与分析。结果表明，我国分省市产业结构与城市化协调发展度的省际差异明显，且呈现出明显的区域差异性：即整体来看东部地区的协调发展度高于中部地区，中部地区的协调发展度高于西部地区。进而，引入 PLS 模型对我国产业结构与城市化的互动效应进行实证分析。从总体情况看，我国产业结构与城市化的正向作用明显，呈现出良性互动态势，表现在产业结构系统中的大多数指标均与城市化水平呈现出较显著的正向关系，城市化系统中的大多数指标也对产业结构水平产生了较大的正向作用。但是，在二者的互动作用中也存在着一些指标起着负向作用和一些指标的正向作用较弱的现象，反映了影响我国产业结构与城市化协调发展的现实困难和问题，必须高度关注和妥善处理。

第8章　影响我国产业结构与城市化协调发展的主要问题及政策建议

根据第7章的研究结果可以发现，近年来，虽然我国产业结构与城市化的协调发展度逐年提高，但是二者的协调度却出现了一定程度的下降，说明我国产业结构与城市化仍然存在着一些问题和不足。本章第1节在前几章研究的基础上对影响我国产业结构与城市化协调发展的主要问题进行总结和分析；第2节从宏观机制和政策措施两个层面提出促进我国产业结构与城市化协调发展的政策建议。

8.1　影响我国产业结构与城市化协调发展的主要问题

8.1.1　产业结构层面影响协调发展的问题

8.1.1.1　农业的基础薄弱，影响城市化水平

农业是国民经济的基础，它的状况直接关系到经济增长的稳定性和结构变动的有序性。我国的农业虽然近年来取得连续丰收的良好局面，但是仍然存在着一些比较突出的问题。

（1）农业的剩余劳动力数量多、整体素质较低，是产业结构与城市化协调发展最大的障碍。由于我国人多地少的国情，随着农业劳动生产率的提高，农村

的剩余劳动力越来越多，他们需要从事非农产业的生产，但却受到自身文化素质（见表8－1）和劳动技能的限制，在城市务工时可以选择的就业岗位有限，容易受到一些不公平的待遇，与城市的融合也存在一些问题。

表8－1　2013～2014年我国农民工文化程度构成　单位：%

文化程度	2013	2014
未上过学	1.2	1.1
小学	15.4	14.8
初中	60.6	60.3
高中	16.1	16.5
大专及以上	6.7	7.3

资料来源：2014年全国农民工监测调查报告，国家统计局网站，http：//www.stats.gov.cn/tjsj/zxfb/201504/t20150429_797821.html.

（2）农业的内部结构不合理，农产品质量有待提高。随着经济的发展，人们对于农业的需求不仅停留在种植业的产量上，而且对林业的环保需求，对牧、渔业等肉食品的需求也在增加。当前在我国的农业结构中，农、林、牧、渔业的比例仍不够协调，传统的种植业（小农业）的比重仍偏高（见表8－2），从2005年到2014年始终保持在50%以上。除了结构不合理，农产品的品种与质量也不能很好地适应城乡人民生活水平提高和改善的要求。特别是近年来我国经常曝光的食品安全漏洞和隐患严重地影响着居民的生命健康。

表8－2　近年我国第一产业内部结构情况

年份	第一产业总产值（亿元）	第一产业产值结构（%）			
		农业占比	林业占比	牧业占比	渔业占比
2005	39450.89	49.72	3.61	33.74	10.18
2010	69319.76	53.29	3.74	30.04	9.26
2013	96995.27	53.09	4.02	29.32	9.93
2014	102226.09	53.58	4.16	28.33	10.11

资料来源：《中国统计年鉴（2015）》。

（3）农业生产的规模化和产业化程度不高。由于家庭承包经营为主的特点，我国农业生产的经营规模较小，机械化和集约化程度不高。城乡之间的产供销链条还不完善，农产品的科技含量有限，销售和再加工环节较为薄弱，农业生产还不能有效地与市场化的需要有效衔接，这种状况不利于农业的可持续发展。

8.1.1.2　第二产业大而不强，对城市的就业和环境造成较大的影响

工业是国民经济的主导，既能给城市增加税收收入，也吸纳了大量的劳动力就业。但是长期以来，我国工业的发展是建立在粗放型的生产经营模式基础上的，既造成了大量的资源浪费，也不利于经济的长远发展。

（1）制造业大而不强，利润率偏低。改革开放以来，得益于丰富的劳动力资源优势，我国的制造业取得了较大发展，获得了“世界工厂”的称号。但是，在国际产业分工中，我国制造业被长期锁定在价值链的低端环节上，大多行业集中在加工组装领域，而在技术、专利、销售、服务等高附加值环节缺少比较优势。因此，我国制造业大而不强，利润率偏低，既不利于产业结构的优化升级，也影响到从业人员的收入水平。

（2）第二产业的就业弹性下降，给城市就业带来压力。随着经济发展和技术的进步，越来越多的工业企业采用了先进的机器设备，对劳动力的需求有所下降。因此虽然第二产业的产值增长较快，对经济的贡献度也很高，但是第二产业的就业弹性下降却是一个必然的趋势（见表 8 – 3）。伴随着就业弹性下降，大量的第二产业劳动力需要向第三产业转移，这对第三产业的发展和城市的就业提出了挑战。

（3）生产经营方式粗放，面临着资源和环境的巨大压力。长期以来，我国粗放型经济增长方式造成的工业生产中高投入、高能耗、高污染的问题，至今没有明显改善。我国生产的钢铁、水泥等重化工业的产量在世界上位居前列，生产消耗的资源和能源数量巨大，带来了污染物排放量的增加，给资源和环境造成了巨大的压力，特别是对周围有重工业企业分布城市的生态环境造成了重大的影响。从表 8 – 4 和表 8 – 5 可以看出，我国的废水排放总量数量很大，废气中主要污染物的排放量也保持在很大的规模上。

表 8－3　近年我国三次产业的就业弹性

年份	一产就业弹性	二产就业弹性	三产就业弹性
2005	-0.924	0.342	0.195
2010	-0.218	0.184	0.104
2011	-0.277	0.175	0.193
2012	-0.300	0.411	0.113
2013	-0.715	-0.044	0.520
2014	-1.049	-0.053	0.534

资料来源：笔者根据《中国统计年鉴（2015）》数据计算。

表 8－4　2013～2014 年我国废水中主要污染物排放量

年份	废水排放总量（万吨）	废水中主要污染物排放量					
		化学需氧量（万吨）	氨氮（万吨）	总氮（万吨）	总磷（万吨）	石油类（吨）	挥发酚（吨）
2013	6954433	2352.72	245.66	448.10	48.73	18385.3	1277.3
2014	7161751	2294.59	238.53	456.14	53.45	16203.6	1378.4

资料来源：《中国统计年鉴（2015）》。

表 8－5　2013～2014 年我国废气中主要污染物排放量　　单位：万吨

年份	二氧化硫	氮氧化物	烟（粉）尘
2013	2043.92	2227.36	1278.14
2014	1974.42	2078.00	1740.75

资料来源：《中国统计年鉴（2015）》。

8.1.1.3　第三产业发展滞后，影响到城市化的质量

第三产业是服务业的总称，与城市化的关系最为密切。我国第三产业虽然保持了较快的发展速度，但是仍然存在一些问题，不利于城市化的发展。

（1）第三产业发展程度低，就业压力大。发达国家在完成工业化后，经济发展呈现服务化、信息化的特征，大量的劳动力集中在第三产业就业，既提高了生产和生活的水平，又促进了城市化质量的提升。与发达国家及一些发展中国家

相比，我国第三产业在国民经济中的比例仍然偏低，吸纳的劳动力数量也比较少。随着农业生产率的提高和工业就业弹性的下降，将有越来越多的第一、第二产业的劳动力向第三产业转移，第三产业将面临较大的就业压力。

（2）第三产业内部结构不合理。第三产业是服务业的总称，拥有众多的门类和部门。在我国的第三产业中，餐饮娱乐、交通运输等传统服务业所占比重仍然较大，而信息、科技、金融、物流等生产性服务业比重仍然不高。这种不合理的结构造成了服务业内部不同行业的供求不平衡，既影响到产业结构升级，也造成了一些行业出现过度竞争的局面。

（3）信息化程度偏低。信息化水平一方面表现在信息产业在国民经济中的比重提高上，另一方面表现在它对整个国民经济的生产和运行提供技术上的支持。由于我国的信息产业发展较晚，目前在国民经济中的比重仍然较小，加上我们存在很多的传统产业，因此，信息技术对我国第三产业的改造和支撑作用仍然不足。

表 8－6　近年我国信息产业在第三产业中所占比例情况　　单位:%

年份	2010 年	2011 年	2012 年	2013 年
信息传输、软件和信息技术服务业	5.01	4.80	4.91	4.96

资料来源:《中国统计年鉴（2015）》。

8.1.1.4　地区产业结构严重趋同

从理论上讲，产业结构与城市化协调发展的路径之一就是产业在不同区域之间根据比较优势原则形成明确的分工，在一定条件下发生产业的梯度转移，带动城市群的发展。从实践来看，西方发达国家在发展中形成了产业之间分工明确、相互促进的若干城市群，实现了产业结构与城市化在更广阔的空间范围内的良性互动和协调发展。

由于经济条件的差异和存在地方保护主义等原因，我国地区之间存在着明显的产业结构趋同问题。据测算，我国东部地区与中部地区的产业结构相似率为 93.5%，中部地区与西部地区的产业结构相似度为 97.9%[①]。这说明我国地区产

① 马方方，王少国．中国经济概论［M］．北京：首都经济贸易大学出版社，2009.

业结构严重趋同，既造成了较为严重的低水平重复建设和产能过剩，也不利于产业结构的梯度转移和城市群的互动发展。

8.1.2 城市化层面影响协调发展的问题

8.1.2.1 农民工大量存在，人口城市化虚高

我国目前的人口城市化率是根据城市常住人口来计算的，而城市的户籍人口与常住人口之间存在着较大的差距。从图 8－1 可以看出，近年来我国常住人口与户籍人口的城市化率之间的差距呈逐渐加大的趋势。2012 年我国的常住人口城市化率为 52.6%，而户籍人口的城市化率只有 35.3%，二者之间相差 17.3%。常住人口和户籍人口之间巨大的差额就是我国规模庞大的在城市务工的农村剩余劳动力（或者叫作农民工）。通过表 8－7 可以看出，我国的农民工数量从 2010 年以来始终维持在 2.4 亿以上的规模，而且一直呈上升态势，由 2010 年的 2.42 亿人增加到 2014 年的 2.74 亿人。

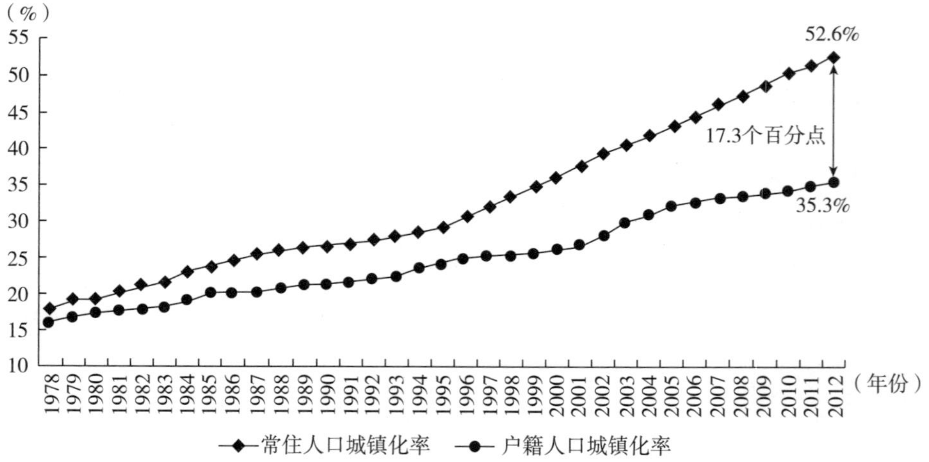

图 8－1 1978～2012 年我国常住人口城镇化率与户籍人口城镇化率比较

资料来源：《国家新型城镇化规划（2014—2020 年）》，中华人民共和国中央人民政府网，http://www.gov.cn/zhengce/2014－03/16/content_2640075.htm。

表8-7　2010~2014年我国农民工的规模　　单位：万人

年份	2010	2011	2012	2013	2014
农民工总量	24233	25278	26261	26894	27395
1. 外出农民工	15335	15863	16336	16610	16821
（1）住户中外出农民工	12264	12584	12961	13085	13243
（2）举家外出农民工	3071	3279	3375	3525	3578
2. 本地农民工	8888	9415	9925	10284	10574

资料来源：《2014年全国农民工监测调查报告》，国家统计局网站，http：//www.stats.gov.cn/tjsj/zxfb/201504/t20150429_797821.html。

常年存在的数量庞大的农民工群体，对于我国产业结构演进与城市化的协调发展具有较为严重的阻碍作用。首先，由于文化素质偏低和职业技能欠缺，"农民工的就业行业主要是第二产业的制造业和建筑业（占56.6%）和第三产业的批发和零售业，交通运输、仓储和邮政业，住宿和餐饮业和居民服务、修理和其他服务业等四个行业（占42.6%）"①，其从事的主要是对于知识和技能要求较低的劳动密集型产业。这种状况既影响了农民工的整体收入，也不适应国家产业结构转型升级的要求。其次，这些农民工存在着融入城市的困难，造成了"半城市化"的问题。由于各种原因，农民工在城市中处于弱势群体的地位，容易遭受劳动报酬偏低、劳动时间长和劳动强度大、社会保险参保率低等不公正的待遇，合法权益也比较容易受到侵害。这些问题的存在既损害了农民工的权益，也阻碍了他们融入城市生活。因此，农民工虽然按照现行人口城市化的计算标准，被划入了城镇人口的范围，但是他们的收入水平、消费习惯、生活方式等方面并没有达到市民化的标准。这种问题的存在既会影响城市化的质量，也不利于城市化通过消费拉动、改善要素供给等途径发挥对产业结构升级的作用。

8.1.2.2　土地城市化超过人口城市化而过快发展

一般来说，在人口增长的基础上，城市的规模逐渐扩大，因此人口城市化与

① 资料来源：《2014年全国农民工监测调查报告》，国家统计局网站，http：//www.stats.gov.cn/tjsj/zxfb/201504/t20150429_797821.html。

土地城市化存在密切的关系。但是，近年来，我国却出现了土地城市化超过人口城市化而过快发展的问题。之所以出现这样的问题，是因为“一些城市‘摊大饼式’扩张，过分追求宽马路、大广场，新城新区、开发区和工业园区占地过大，造成建成区人口密度偏低”①。从图 8 - 2 可以看出，从 2001 ~2014 年，除了 2006 年和 2008 年的城镇人口数量的增长速度稍稍高于建成区面积的增速外，我国建成区面积的增长速度总体上明显快于城镇人口的增长速度。这意味着我国的土地城市化超过人口城市化而过快发展。

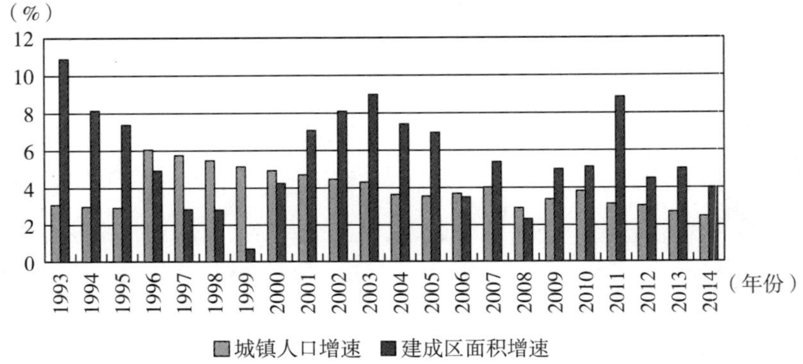

图 8 - 2　1992 ~ 2014 年我国人口城市化与土地城市化变动情况

资料来源：根据《中国统计年鉴（2015）》计算。

土地城市化超过人口城市化而过快发展会直接影响我国产业结构与城市化的协调发展。

第一，土地城市化的过快发展会影响农业的发展。土地城市化的过程也就是土地由农业用地转为城市用地的过程。由于土地具有不可再生性，土地城市化会改变土地的原有用途，影响到我国的城乡用地结构。我国虽然国土面积广大，但是由于多山地、沙漠、丘陵等原因，有些地区并不是特别适宜人口居住。因此，我国人口的分布存在着严重的不平衡，人口高度集中于“胡焕庸线”以东的国

① 国家新型城镇化规划（2014—2020）[EB/OL]. 中华人民共和国中央人民政府网，http://www.gov.cn/gongbao/content/2014/content_2644805.htm.

土范围内。我国城市的分布与人口的分布是高度相关的，多是处于具有区位优势的地区，周围与农业区域接壤，土地城市化过快发展势必会占用农业用地，影响到我国农业耕地面积，不利于农业生产的稳定和粮食的安全。

第二，土地城市化的过快发展会影响到城市集聚效应的发挥。城市化的本质是经济资源和要素在空间的集聚，在企业和人口的集聚中带来规模效应、集聚效应、外部收益效应等各种收益，实现资源的优化配置。土地城市化的过快发展使得城市的空间规模扩大，但是由于人口城市化落后于土地城市化，会造成人口等资源的集聚效应下降，还会造成居民交通运输成本上升等问题。由于我国的城区面积统计口径多次调整，造成了其时间序列数据的不稳定性。如1996年的城区面积比1995年减少15.8%，2006年的城区面积比2005年的城区面积减少59.7%①。因此，使用建成区面积来衡量城市的人口等资源的集聚效应更为合理。从建成区的人口密度来看，我国的建成区人口密度呈现持续下降趋势，从1992年的每平方公里的21509人下降到2014年的每平方公里的15051人，这既说明了我国城市中人口集聚程度的下降，也进一步说明了我国土地城市化快于人口城市化的现实。因此，我国土地城市化的过快增长阻碍了城市集聚效应的发挥。

8.1.2.3　经济城市化与土地城市化高度相关

经济城市化的过程，是第二、第三产业在城市的空间集聚和变化发展的过程，反映了城乡之间生产力结构的调整和生产关系的变化。尽管经济城市化必然需要占用土地，但土地只是经济发展的生产要素之一，非农产业也可以在城市实行紧凑型发展，因此经济城市化与土地城市化本身并不存在直接的相关关系。从我国的实践来看，2004年以前，经济城市化与土地城市化存在着较大的差异，但是，2004年以后，二者的发展出现了高度相关的态势。之所以会出现这种情况，主要原因是“一些地方过度依赖土地出让收入和土地抵押融资推进城镇建设”②，也就是说一些地方的经济发展高度依赖于“土地财政”，而土地财政又与房地产业密切相关，因此必须高度重视房地产业的发展情况。

---

① 资料来源：《中国城市建设统计年鉴（2013）》。

② 国家新型城镇化规划（2014—2020）［EB/OL］. 中华人民共和国中央人民政府网，http://www.gov.cn/gongbao/content/2014/content_2644805.htm.

从1998年我国实行住房制度的市场化改革以来，我国的房地产业得到了快速发展，房地产价格呈现出不断上涨的态势。这种状况对产业结构升级和城市化会产生较大影响。

首先，房地产业的过快发展不利于产业结构的优化升级。从1998年到2014年，我国的商品房平均销售价格由2063元上涨到6324元，年均增长7%。房价的不断上涨，给房地产业带来了高利润。2005～2014年，我国房地产开发企业的收入利润率平均为12.405%①，远远高于同期的规模以上工业企业的收入利润率。在高利润的刺激下，一些企业纷纷进入房地产企业，导致房地产投资在全社会固定资产投资中的比例不断上升，由1998年的12.72%上升到2014年的18.96%，导致房地产业在国民经济中的比例也逐渐上升，由1998年占GDP的4%提高到2014年的6%。房地产业的发展虽然能够带动其相关产业的发展，但是也会造成一些产业的资源在利益的驱动下流入房地产行业，对流出产业的发展产生阻碍作用。总的来说，虽然房地产业直接关系到人民的生活，但是它并不属于高新技术产业和新兴产业，因此在房地产价格持续上涨的情况下，房地产业的快速发展，其在国民经济中的比例上升，总体来说不利于我国产业结构的优化升级。

表8-8　近年我国房地产开发企业与规模以上工业企业的收入利润率比较

单位：%

年份	2005年	2006年	2007年	2008年	2009年	2010年	2011年	2012年	2013年	2014年
房地产企业	8.3	10.1	11.3	14.1	14.6	15.1	13.9	12.6	14.3	9.8
工业企业	6.0	6.2	6.8	6.1	6.4	7.6	7.3	6.7	6.6	6.2

资料来源：根据《中国统计年鉴（2015）》计算。

其次，房地产业的过快发展，也不利于城市化的发展。2013年和2014年，在我国城镇居民人均消费支出中，“居住”支出占人均消费支出的比重分别为23.2%和22.5%。“居住”支出反映的是居民购买或租赁房屋的开支。商品房销

① 数据来源：作者根据《中国统计年鉴（2015）》计算得出。

售价格的不断上涨会带动城市房屋租赁价格的上涨，导致“居住”支出在城镇居民消费支出中的比例提高。由于“居住”是城镇居民基本的生活需求，一方面“居住”支出所占的比例过高，必然会对其他产品和服务的消费产生挤出效应。另一方面“居住”支出的占比提高意味着城市生活的成本提高，对于农村剩余劳动力转变为城市人口会造成很大的阻碍作用。

表8-9　2013~2014年我国“居住”支出占城镇居民人均消费支出的比重

单位：元

年份	居民人均消费支出	食品烟酒	衣着	居住	生活用品及服务	交通通信	教育文化娱乐	医疗保健	其他用品及服务	居住支出占比（%）
2013	18488	5571	1554	4301	1129	2318	1988	1136	490.4	23.2
2014	19968	6000	1627	4490	1233	2637	2142	1306	532.9	22.5

资料来源：《中国统计年鉴（2015）》。

8.1.2.4　社会城市化发展滞后

城市化的发展，在推动人口和企业集聚的过程中，也体现了人类文明由农业文明向工业文明的转变，反映了社会进步的过程。社会城市化包括广泛的内容，既包括社会福利、社会保障和社会服务的发展，也包括生态环境与资源的保护、卫生保健事业、文化艺术、体育娱乐事业、城乡公共设施建设等。社会城市化的发展有利于改善城市的基础设施条件，提高城市居民的生活质量和水平，为城市化的质量提升和深化发展提供重要的支撑。尽管我国的社会城市化也取得了较大的进步，但是近年来却出现了落后于人口城市化、经济城市化和土地城市化的情况，值得我们关注。

社会城市化的发展主要依靠公共物品的供给。公共产品主要包括道路建设与维护、供水、供电、供气、公共交通等基础设施和消防、治安、教育、环保、城市管理与文化设施等公共服务设施。从经济学的理论来看，公共产品具有明显的正外部性，公共物品的供给一方面需要大量的投入；另一方面可能存在着沉没成本。在公共物品的供给中，政府的公共支出承担着主要的职能。一方面，我国政府的财政支出中经济建设支出占很大的部分；另一方面，我国人口基数过大，城市化率每提高一个百分点，就会有1000多万人进入城市，会给城市的承载能力带来巨大的挑战。种种原因造成了我国社会城市化发展滞后，对产业结构的升级和城市化的发展产生了较大的影响。

8.2 促进我国产业结构与城市化协调发展的政策建议

8.2.1 构建产业结构与城市化协调发展的长效机制

产业结构演进与城市化发展是经济发展中最重要的两个结构性转变，二者的动态演进和相互作用会对经济发展产生持续的影响。在市场经济条件下，产业结构演进与城市化的互动发展具有内在的机制和路径。因此，从宏观层面，国家应该采取积极有效的措施，构建促进二者协调发展的良性互动机制。

8.2.1.1 建立技术自主创新体系

技术进步是促进产业结构演进和城市化互动发展的主要影响因素。长期以来，我国企业的自主创新能力不足，制约了产业结构的优化升级，也影响到城市化的进一步发展。为此，要构建技术自主创新体系，努力提高企业的自主创新能力。

（1）政府制定和完善相关政策和制度，为技术自主创新提供制度保障。政府应制定和完善鼓励技术创新的政策和制度，对于创新型企业提供税收优惠、信贷支持等帮助；要加强对知识产权的保护力度，打击盗版、侵权的行为；完善收入分配制度，提高技术要素在收入分配中的比重。

（2）企业要搞好技术研发工作。企业的技术水平和竞争地位在很大程度上与其技术研发水平具有密切的关系，企业要稳定和增加研发资金的投入，为技术人才提供良好的工作平台和福利待遇，加强与高等院校和科研院所的技术合作。

（3）加强产学研合作，加速科技研究成果转化。政府应该大力发展教育，提高国家的基础科学水平和基础研究能力，为技术研发奠定坚实的基础；鼓励高等院校和科研院所以企业和市场需求为导向，开展科学技术的应用研究；采取有效措施，促进科技成果的市场转化率。

8.2.1.2 完善生产要素流动机制

在市场经济条件下，产业结构演进与城市化协调发展的基础是生产要素在行业之间和城乡之间的自由流动。实行市场经济体制以来，在市场机制作用下，我国的产业结构与城市化的互动作用和协调程度都明显增强。但是，由于种种原因，我国还存在着一些阻碍生产要素自由流动的问题，因此，应该处理好市场与政府的关系，进一步完善生产要素流动机制。

（1）完善劳动力流动机制。政府应完善和健全劳动力市场，充分发挥市场机制对劳动力资源的配置功能和作用，改革户籍管理制度、建立教育培训制度、完善社会保障制度，消除影响农村剩余劳动力向城市转移的制度和政策障碍，让劳动力平等参与就业市场的竞争，优化就业结构。

（2）完善资金流动机制。政府既要充分发展市场的配置作用，促进资金合理流动，也要加强对资金流动的引导和监管，防止资金盲目流动可能出现的风险；要改革财政、税收、金融制度，提高对战略性新兴产业的扶持力度，加强财政对农业发展的支持，化解资金行业流动和区域流动的障碍，有效解决中小企业贷款难的问题。

（3）完善土地要素流动机制。土地要素从空间上不可流动，其流动性主要表现在产权方面。因此，政府要完善土地产权制度，明确其归属关系；积极探索农村土地经营权的流转，加强对城市土地用途变更的监管，实行严格保护耕地的政策，有效利用和保护土地资源。

（4）完善技术要素流动机制。坚持市场化原则，倡导科技研究与企业和市场结合，提高技术要素在收入分配中的比重，引导科研成果的市场转化；通过财政、金融支持，促进科技对农业的支持力度；建立和完善科学技术研究的产业化运作模式，引导先进科技与生产领域有效衔接，建立有利于科技人员发挥绩效的管理体制与管理政策。

8.2.1.3 健全公共物品供给机制

公共物品供给是产业结构与城市化互动发展的重要条件。公共物品的有效供给既能为产业结构的有序演进创造条件，又能提高城市化的质量和水平。因此，需要健全公共物品供给机制。

（1）发挥政府的主导作用。由于公共物品具有正外部性，保障公共物品的供给是政府的重要职责。政府应该逐步提高公共服务开支占财政支出的比例，制订和完善支出计划，合理确定支出的流向和规模，保障城乡、区域间的公共服务支出比例适当，提高公共服务支出的使用效率。

（2）适当发挥市场机制的使用。虽然公共物品的供给主要是政府的职责，但是在某些领域公共物品的供给也可以通过市场化运作，以弥补单纯政府供给的不足。为此，政府应该选择适当的领域，制定明确的市场准入标准，对私人部门进入公共物品领域提供引导和服务，并进行必要的监督和管理。

8.2.1.4 建立区域协同发展机制

产业结构演进与城市化的协调发展，要求不同区域之间根据比较优势形成分工明确、相互协作的产业布局。只有实现区域协同发展，才能统筹各种资源、发挥各自的优势，既有利于产业结构的优化，也有利于城市群的发展。因此，要建立区域协同发展机制。

（1）消除体制障碍，加强市场联系。不同区域之间存在密切的商品、劳务、技术、信息的联系。在健全的市场机制下，不同地区的生产要素相互流动和配置能够形成市场化的分工体系。因此，要反对地方保护主义，消除阻碍资源和要素流动的制度和政策的障碍，加强区域间的市场联系和分工协作。

（2）发挥政府的作用，转变政府职能。地方政府应该转变角色和职能，减少对经济的行政干预，避免低水平重复建设和恶性竞争；加强协作，制订有利于发挥各自比较优势的区域整体产业规划，明确地区间的产业分工和布局，实现优势互补、错位发展。

（3）建立区域协调机制，推动资源共享。不同地区之间应建立官方的沟通对话机制和推进区域间交通、通信等基础设施建设，建立资源共享平台，推进教育、医疗社会保障等公共服务领域的优势互补和资源共享，促进经济、科技、文化等领域的交流与合作。

8.2.1.5　大力发展教育，提升劳动力素质

在各种生产要素中，劳动力是最具有创造性和活力的因素，只有劳动力的数量、结构和水平达到现代经济发展的要求，才能促进产业结构与城市化的协调发展。我国拥有世界上最多的人口数量，但是劳动力的整体水平较低，结构也不合理，因此，应该大力发展教育，提升劳动力的整体素质。

（1）重视教育发展，加大教育投入。科技的进步和人才的培养需要教育的发展；教育的发展离不开良好的学校设施和优秀的师资队伍。因此，应该重视教育发展，加大对教育的投入，提高教育经费在 GDP 中的比重，改善学校的办学条件，保障教师的社会地位和福利待遇，促进教育水平的提高。

（2）完善教育体系，优化就业结构。从日本、德国等国家经济发展的历程来看，人才的培养应该实现多元化，既要发展高等教育，向科学技术的高水平迈进；也需要发展职业教育，培养大批的掌握专业知识和技术的职业劳动者。从我国目前的情况看，高级科学技术人才和技术工人的短缺成为制约经济发展的突出问题。因此，我国应该完善教育体系，在提高高等教育水平、培养高科技人才的同时，大力发展职业教育，培养适合企业实际需要的专业技术人员，优化就业结构。

8.2.2　推进产业结构升级，带动城市化发展

8.2.2.1　提升农业现代化水平

农业稳定发展是产业结构优化的基础，也是城市化顺利进行的前提条件。只有农业生产不断发展，才能为城市化提供充足的农产品供应，也才能保证农村剩余劳动力的有序转移。因此，必须积极推进农业生产的现代化。

（1）积极推进农业机械化和规模化经营。农业现代化可以概括为“四化”，即机械化、水利化、科学化与电气化。在“四化”中，机械化排在首位。发展

农业机械化，需要在农业生产中大面积使用机械化工具，降低人工劳动消耗，提高劳动效率。但是，由于我国人多地少的国情，农业生产经营的规模较小，不利于农业机械化的发展。对此，应该积极推进农村土地经营权的流转，引导农业生产由家庭经营逐渐向专业化的租赁种植转变，促使分散的小块经营向适度的规模化经营发展，提高农业生产的效率。

（2）优化农业内部结构，提高农产品质量。从农业内部结构来看，我国的农、林、牧、渔业的比例仍不够协调，传统的种植业的比例仍偏高。为此，要在保证粮食生产的基础上，适当提高林、副、渔业的比例。随着城市化的发展，城市人口不断增加，对农产品的数量和质量提出了更高的要求，我国的农业生产虽然实现了连年丰收的良好局面，但是仍然面临着农产品质量不高的问题。从表8－10可以看出，在农产品总量丰收的情况下，我国每年进口的优质农牧产品的数量却在增加。因此，需要依靠科技兴农，改进生产工艺，提高农产品质量。

表8－10　2013～2014年我国部分农牧产品进出口情况　单位：亿美元

商品分类	2013年		2014年	
	出口	进口	出口	进口
活动物；动物产品	168.41	180.99	187.21	202.33
植物产品	198.53	559.72	209.88	617.17
谷物	5.14	50.54	4.45	61.75
含油子仁及果实；杂项子仁	29.25	426.27	31.14	458.88
动、植物油、脂及其分解产品	6.07	108.23	6.45	91.19

资料来源：《中国统计年鉴（2015年）》。

（3）积极推进农业产业化经营。传统的农业生产具有自给自足的特点，往往忽视与城市的市场联系，造成生产具有很大的盲目性，容易引起农产品供求结构的失调，影响农业的稳定，也造成了资源的浪费。为此，应该积极推进农业的产业化经营，完善配套的基础设置和相关服务，促进农业的生产与城市的需求有效联结起来，推动农业的产业化经营。

8.2.2.2 推动新型工业化发展

工业是国民经济的主导，也为城市化提供了重要的资金来源和物质、技术条件。但是长期以来，我国工业的发展是建立在粗放型的增长模式基础上的，既造成了大量的资源浪费，也给城市环境带来较大的影响。因此，积极调整工业发展战略，推进科技创新，走新型工业化道路势在必行。

（1）加强技术改造，推动工业转型升级。长期以来，我国制造业大而不强，缺乏核心技术和自主创新能力，利润水平偏低。为此，应充分利用信息技术和先进的生产技术等对制造业进行工艺与流程的改造，实现传统产业的转型升级，带动工业的创新和升级。

（2）改造和提升传统劳动密集型产业。由于我国劳动力资源丰富，就业压力较大，因此不能一味地发展就业需求少的重化工业和加工工业，而需要改造和提升传统的劳动密集型产业，创造更多的就业岗位。为此，需要改进技术、加强管理、提高效率、增加品种、提升质量，带动城市的就业，改善人民生活。

（3）积极推行绿色工业化，有效保护资源和环境。城市化的发展需要良好的生态环境，由于我国工业生产的高污染和高能耗，既透支了资源和能源，也造成了环境的污染。为此，需要推行循环经济的生产方式，发展节能环保产业，降低各种工业废物的排放，加强对工业废物的回收和利用。

8.2.2.3 大力发展第三产业，提升城市化质量

第三产业既具有吸纳劳动力就业的优势，也对城市功能的完善和质量的提升具有重要作用。目前，我国的第三产业在国民经济中的比重已经超过第二产业，成为经济发展的主导部门。但与发达国家和大多数发展中国家相比，我国第三产业在国民经济中的发展程度仍有不足。因此，要大力发展第三产业，提高城市化质量。

（1）加快发展生产性服务业。发展生产性服务业，既有利于改造和提升传统产业的质量和水平，也有利于推动城市的人才集聚和创新发展。为此，政府应该在政策上进行鼓励和扶持，在具体措施上有所支持和帮助。

（2）优化第三产业的内部结构。积极培育和引导大中型第三产业企业的发展，扩大有市场潜力企业的规模，提高企业竞争力。积极引导和扶植中小型服务

企业向专业化方向发展，改变第三产业企业规模小、布局分散、经营方式陈旧的局面。

（3）发展信息、文化、体育、旅游等产业，带动居民消费水平升级。信息、文化、体育、休闲和社会服务业，有利于提高居民的消费水平，提升文化素养，满足精神需求。对于这类企业的发展，既要鼓励市场化运作，倡导公平竞争；也要加强监管，防止其发展中出现较多的信用缺失行为。

8.2.2.4 优化区域产业结构

不同区域和城市的产业之间形成合理分工、互相促进的布局结构，既有利于促进产业结构的优化升级，又能推进城市群的发育。为此，应该优化区域产业结构，推进产业的梯度转移。

（1）东部地区应该积极推进产业结构升级。尽管东部地区的产业结构和城市化水平及协调程度要领先于中、西部地区，但是由于全国资源过多集中于东部地区，也造成了东部一些地区正面临着资源能源、土地空间、人口超载等问题。因此，东部地区应该积极推进产业结构升级，适当将一些劳动密集型产业向中西部转移。

（2）中西部地区努力做好产业结构的承接和转移。对于东部地区的产业转移，中西部地区应该在市场机制的基础上做好承接和转移工作，保证产业转移的稳定性；针对单纯市场行为的弊端，要发挥政府的规划、引导作用，防止出现环境污染、资源浪费等问题。

（3）加强基础设施建设，增进地区之间的联系。加强交通、通信等基础设施建设，能够有效地增进地区之间的市场联系，促进生产要素的流动和转移。因此，应增加财政的支出力度，支持基础设施建设。

8.2.3 引导城市化健康发展，支撑产业结构升级

8.2.3.1 推动农民工的市民化，缓解农业就业压力

在城市化进程中，劳动力和人口的迁移具有一定的规律。虽然中央政府明确

规定“除超大城市和特大城市外，其他城市不得设置落户限制”①，各地区也相继取消了一些对农民工落户的限制，但是农民工市民化的效果并不是十分明显。究其原因，主要在于农民工的市民化既受到各种经济和社会因素的影响，也与其自身文化素质偏低有一定的关系。人口迁移是在“成本—收益”的机理下进行的，只有使得农民工向城市迁移的收益明显大于其付出的成本时，才能有效地促进农民工的市民化。因此，单纯的户籍制度改革是难以收效的，必须采取多项政策、制度和措施来综合推进。

（1）建立完善的政策和制度体系，大力推进农民工市民化进程。由于农民工在城市中处于弱势群体地位，需要政府积极地发挥应有的作用，制定和完善政策和制度体系，积极推进农民工市民化过程。具体来说，应该改革户籍管理制度，取消对农民工在城市落户的限制；同时，要完善就业制度，加强政府对农民工就业信息和就业服务的帮助；完善社会保障制度，努力创造条件让农民工能够享受到与市民相同的社会保障；完善廉租房制度，为农民工提供住房等基本的生活保障；等等。同时，应解决好农民工子女的教育问题，消除农民工融入城市的体制和机制障碍。

（2）提升农民工的自身素质，提高人口城市化的质量。除了外部因素外，农民工的综合素质不高也对他们融入城市生活产生了不利影响。为此，应积极开展对农民工的教育和培训，提高他们的个人素质，培育他们的市民观念，提升他们的道德水平和法律意识，提高我国人口城市化的质量。

8.2.3.2 促进土地利用集约化，发挥空间集聚效应

在城市化进程中，随着人口向城市的集聚，不可避免地会出现城市土地使用量的增加和农业用地的减少，这是城市化发展的一般趋势。但是，土地城市化超过人口城市化而过快增长的情况会对农业用地和粮食安全造成不利影响，也不利于城市集聚效应的发挥。为此，应该对城市土地进行更加充分、合理、有效的开发利用，促进土地利用集约化，发挥空间集聚效应。

---

① 《国务院关于深入推进新型城镇化建设的若干意见》，人民网，http：//politics. people. com. cn/n1/2016/0206/c1001－28116429. html.

（1）明确紧凑型城市化的发展目标。美国等国家由于土地资源相对充裕，随着经济的发展，人口大量地向郊区甚至是乡村迁移。这种松散型的土地城市化道路不适合我国人多地少的国情。根据我国人口分布和城市分布不平衡的特点，我国应该走紧凑型城市化的发展道路。应该强调城市空间的综合开发和利用，制订好产业布局和居住设施的规划。在一定的条件下，应该促进产业的集聚发展和人口居住的适当集中，保障居民工作、生活的空间适当紧凑，防止城市空间的过度扩张而带来的企业生产成本提高、生产效率下降和居民生活成本的提高。

（2）加强土地的集约利用，发挥空间集聚效应。首先，要严格保护耕地，降低城市建设用地的扩张速度，提高土地使用效率，在现有的城市空间范围内有效配置更多的企业和人口，促进城区土地利用密度的提升。其次，要加大对交通基础设施的建设，通过高架桥梁和地下交通建设，形成立体的交通网络，发展公共交通，有效减少城市的交通拥挤，适当提高城市的紧凑度。最后，应该加强对土地使用的规划和管理，制定有利于紧凑型城市发展的制度和政策，形成保护耕地与提高土地利用效率的长效机制，发挥城市的空间集聚效应。

8.2.3.3 优化经济城市化的发展方向，引导房地产业健康发展

经济城市化的过程既是第二、第三产业向城市集聚的过程，也是城市的产业结构与空间结构的调整过程。经济城市化发展应该在产业结构演进基础上进行，根据产业结构演变的需要，推进城市规模的扩张和空间结构的调整。

（1）不同规模城市的发展方向应该有所区别。规模较小的城市应该着重推进产业集聚，促进区域内规模效应和空间集聚效应的发挥，提升城市的经济实力；规模较大的城市既要适当控制城市的规模，也要调整好城市的产业布局，处理好服务企业与工业企业的发展定位和区域分布。

（2）要做好中长期的发展规划。我国人口众多，又处于城市化快速发展阶段，因此人口集聚、企业集聚对城市的承载力提出了巨大的挑战。我国城市化发展中缺乏较长期的规划，结果造成了每隔几年调整一次发展规划，城市建设也是反复地拆拆建建，造成很大的资源浪费，因此，应该做好城市建设的中长期规划，划分好企业生产与居民生活的功能区划，保证经济城市化的有序推进。

（3）充分发挥经济开发区与工业园区的作用。在改革开放的过程中，我国

很多城市都设立了经济开发区和工业园区，对这些区域给予了一些招商引资等优惠政策，对于当地的经济发展起到了重要的作用。因此，可以在依托经济开发区和工业园区的基础上，进行经济城市化的调整和优化。要加强产业之间的分工与合作，有效整合资源和要素；根据第二、第三产业空间布局的不同要求，可以适当进行空间调整，推动服务企业依托核心商业区发展，引导工业企业选择合适的区位，以降低生产成本，提高效率和收益。

针对经济城市化中房地产业的过快发展问题，应该采取有效措施，引导城市房地产业的健康发展。首先，要采取措施，将房地产价格稳定在合理的区间范围内。在房地产价格上涨与经济增长速度和居民收入增长幅度相适应的条件下，房地产业的发展能改善居民的居住条件，以及带动相关产业的发展。但是，房地产价格的过快增长不利于产业结构升级和城市化的发展。因此，政府应该采取措施，加强对房地产业规范经营的监管力度，稳定房地产价格。其次，要开展综合治理，引导房地产业的健康发展。房地产价格的上涨既受到市场供求关系的影响，也与宏观经济环境等因素有关，是各种因素综合作用的结果。只有开展综合治理，才能引导房地产业的健康发展。为此，要健全房地产业的市场化运作机制，推进房地产企业按照现代企业制度的要求来运营和管理；要鼓励和完善对中小企业的扶持力度，引导投资房产的资金向实体经济流动；要完善社会保障制度，提高社会保障水平，改变部分居民“以房养老”的状况。

8.2.3.4 加强社会城市化建设，促进城市功能完善

社会城市化建设包括道路建设与维护、供水、供电、供气、公共交通等基础设施建设和消防、治安、教育、医疗、社会保障、环境保护等公共服务设施建设。这些项目的发展既关系到城市化的质量和水平，又对产业结构的优化升级具有重要的支撑作用。因此，要加强社会城市化建设，促进城市功能完善。

（1）应强化城市基础设施建设的规划与管理。基础设施建设属于公共物品的投入，应该考虑长远的社会效应。一段时期以来，我国城市化进程中不仅存在着为拉动经济增长而进行基础设施建设的不良倾向，而且在实际运行中缺乏统一明确的建设规划。在行政管理体制上，将城市内部的供水、供电、供暖、供气、道路等方面分别划归不同的部门进行管理，难以形成各项城市基础设施的配套效

应和发挥整体的功能。因此，应该加强城市基础设施建设的规划，从发挥城市的集聚功能和社会效益出发，确定统一明确的目标，并强化其运行管理，发挥整体的功能和效果。

（2）要加强教育、医疗、社会保障等公共服务的投入。我国正处于快速城市化进程中，每年有大量的农村剩余劳动力到城市务工，给城市的教育、医疗、社会保障等公共服务带来了较大的压力。因此，应该加强公共服务设施建设，特别是发展文化教育、医疗卫生和社会保障事业，确保进城务工人员的子女能够接受较高水平的教育，保障城市人口的身体健康、基本权益和文化水平。

（3）推动体制与机制的改革，为社会城市化注入活力。长期以来，城市的公共服务供给存在着投资主体单一，管理体制不适应市场经济需要的情况。因此，应该明确政府的主体地位，以及在充分发挥财政支出的资金保障和政府部门行政管理作用的基础上，适当引入市场化机制，吸引一定的社会资本参与，提高资金的使用效率；在一些市场机制能够发挥作用的领域，可以在政府主导的前提下，适当发挥企业和社会组织在社会城市化中的作用。

8.3 本章小结

近年来，虽然我国产业结构与城市化的协调发展度逐年提高，但是二者的协调度却出现了一定程度的下降，说明我国产业结构与城市化仍然存在着一些问题和不足。本章主要对影响我国产业结构与城市化协调发展的主要问题进行归纳和总结，并提出针对性的对策建议。

在产业结构层面，我国农业剩余劳动力多、内部结构不合理，工业的科技含量与附加值低、资源消耗较大、环境污染严重，第三产业中生产性服务业、信息业发展滞后，区域产业结构趋同等问题还较为严重，制约着产业结构与城市化的协调发展。从城市化层面来看，我国大量农民工的存在造成人口城市化虚高、土地城市化超过人口城市化而过快发展、经济城市化与土地城市化高度相关、社会城市化相对滞后等问题还影响着产业结构升级和城市化水平的提高。针对以上存在的问题，需要采取相应的政策和措施：一是要构建产业结构与城市化协调发展的长效机制，包括建立技术自主创新体系、完善生产要素流动机制、健全公共物品供给机制、建立区域协同发展机制、大力发展教育等。二是通过建设农业现代化、发展新型工业化、提高现代服务业水平、优化区域产业结构等措施，促进产业结构优化升级，带动城市化发展。三是要引导城市化健康发展，支撑产业结构升级。为此，应该推动农民工市民化、促进土地利用集约化、优化经济城市化的发展方向、加强社会城市化建设等。

第 9 章　结论与展望

9.1　主要结论及启示

产业结构演进与城市化发展是现代经济增长最重要的两个结构特征，也是宏观经济中的重大问题。只有促进二者的良性互动和协调发展，才能实现经济的持续健康发展。本章基于“良性互动”促进“协调发展”的理念，主要探寻产业结构与城市化协调发展的内涵与机理，研究我国产业结构与城市化的互动发展历程与状况、协调程度及存在的问题，并针对性地提出了对策建议。

通过定性分析和定量研究，本书得出了以下主要结论：

（1）产业结构与城市化是经济系统中两个重要的子系统，因此二者协调发展的内涵可以在经济理论和系统论的基础上来综合界定。产业结构与城市化协调发展的内涵包括以下四个方面：基本条件是二者在一定条件下的良性互动；必要前提是二者各自的有序发展；具体表现是二者在发展速度和发展水平上的匹配得当；实现过程是“协调”与“失调”的动态变化调整。

（2）在市场经济条件下，产业结构与城市化具有内在的互动机制：产业结构通过生产要素流动、产业关联、产业转移等效应促进了城市中企业、人口、产业的集聚，推动了城市规模、水平、结构、功能的完善；城市化通过集聚效应、要素供给效应、需求拉动效应、公共服务效应等会对产业结构演进产生重要的影响。三次产业与城市化存在着内在的互动作用：第一、第二、第三产业依次主导产业结构，对城市化发展起到重要的推动作用；城市化发展反过来又会对三次产业的发展产生重要的影响。

（3）通过对我国产业结构与城市化互动发展历程的归纳和分析，可以概括出改革开放以前我国产业结构与城市化互动发展的特征：二者的互动是低水平的、不稳定的和单向的；改革开放以后我国产业结构与城市化的互动发展表现出水平提高、稳定性增强、互动性明显的特征。之所以存在这样的差异，主要原因在于改革开放前后我国实行了两种不同的经济体制：计划经济体制和市场经济体制。因此，要实现我国产业结构与城市化的良性互动和协调发展，就必须要坚持和完善社会主义市场经济体制。

（4）从美国、韩国、巴西为代表的欧美国家、东亚新兴国家和拉美国家的产业结构与城市化互动发展历程中，可以得到一些经验和教训：一是产业结构演进对城市化具有决定作用，只有实现产业结构的有序发展，才能为城市化发展奠定坚实的基础；二是在处理产业结构与城市化的互动关系时，要发挥市场机制与政府干预的共同作用；三是在产业结构演进与城市化发展中要重视城乡统筹问题，处理好农业与非农产业，农村与城市之间的关系。

（5）通过对我国产业结构与城市化的“关联性”分析，从静态相关的角度，得出改革开放以前我国产业结构与城市化的关联程度较低；改革开放以后二者的关联性明显增强的结论，验证了第4章发展历程的研究结论；从动态互动关系的角度，引入向量自回归模型对我国改革开放以来的产业结构与城市化水平进行了计量分析。研究结果表明，改革开放以来，我国三次产业的发展和产业结构演进促进了城市化发展，城市化发展反过来又对三次产业的发展和产业结构升级起到了积极作用。总的来看，改革开放以来我国的产业结构与城市化呈现长期稳定的互动关系。

（6）通过构建产业结构与城市化发展水平的综合评价指标体系，运用主成分分析的方法对1992～2014年我国产业结构与城市化的综合发展水平及分指标体系的发展水平进行了测算和分析。结果表明，我国产业结构综合水平稳步提升，三次产业水平较为均衡地发展。在此期间，城市化整体水平呈现先慢后快的发展特征，符合城市化的一般规律；但是城市化综合水平的四个分指标体系却存在一些不平衡的发展特征，表现在土地城市化超过人口城市化过快发展、经济城市化与土地城市化呈现较强的关联性、社会城市化长期发展滞后等方面。

（7）运用距离协调度模型对我国产业结构与城市化的“协调度”从纵向和横向两个角度进行了测算与分析。从纵向来看，1992 ~ 2014 年我国产业结构与城市化的协调发展度逐年提高，但二者的协调度从 2006 年起呈现出下降趋势。主要原因在于，从 20 世纪 90 年代末起，我国城市化发展迅速并超过了产业结构的发展速度，带动城市化水平超过了产业结构水平。从横向来看，2014 年我国分省市产业结构与城市化的协调发展度不仅表现出明显的省际差异，还呈现出明显的区域差异性：即整体来看协调发展度呈现出东部地区高于中部地区、西部地区的特点，但也有个别省份存在例外的情况。

（8）运用 PLS 模型对我国产业结构与城市化的互动效应进行了计量分析。研究结果表明，在产业结构整体上对城市化起正向作用的同时，农业内部结构不合理，工业的科技含量和附加值偏低、资源能源消耗高和对环境的污染性强，第三产业中生产性服务业、信息产业发展滞后等问题影响到城市化的进程。在城市化整体上对产业结构起正向作用的同时，也出现了我国城市化的空间集聚效应下降，城市化对产业结构的作用具有较为明显的投资拉动特征，城市交通状况不佳影响产业结构升级与城市化发展等问题。

（9）近年来，虽然我国产业结构与城市化的协调发展度逐年提高，但是二者的协调度却出现了一定程度的下降，说明我国产业结构与城市化仍然存在着一些问题与不足。在我国产业结构中，农业剩余劳动力多、工业科技含量与附加值低、生产性服务业发展滞后、区域产业结构趋同等问题还较为突出，制约着产业结构与城市化的协调发展。从城市化角度来看，大量农民工的存在造成人口城市化虚高，土地城市化超过人口城市化过快发展，经济城市化与土地城市化高度相关，社会城市化长期发展滞后等问题影响着城市化水平和产业结构的优化升级。针对以上存在的问题，需要采取有针对性的政策措施：一是要构建有利于产业结构与城市化协调发展的机制，包括建立技术自主创新体系、完善生产要素流动机制、健全公共物品供给机制、建立区域协同发展机制、大力发展教育等。二是通过建设农业现代化、发展新型工业化、提高现代服务业水平、优化区域产业结构等措施，来促进产业结构优化升级，带动城市化有序发展。三是要引导城市化健康发展，支撑产业结构升级。为此，应该推动农民工市民化、促进土地利用集约化、优化经济城市化的发展方向、加强社会城市化建设等。

9.2　研究的困难与不足

产业结构演进与城市化协调发展是一个非常宏大的命题，涉及的内容非常复杂，且影响因素较多。选择这个题目是因为产业结构与城市化的协调发展对于我国调整经济结构和实现经济的持续健康发展具有重要的意义。但是，在本书的写作过程中，笔者渐渐感到这个题目的宏大和复杂超出了想象。虽然本书建立了一个较为完整的逻辑分析框架，但是由于受到笔者水平和文章篇幅的局限，研究仍然存在着一些缺点和不足。

（1）由于我国31个省份的具体情况不同，差异性较大；不同省份的统计资料在统计时间、统计口径上或多或少地存在着一些差异，这给数据的收集和整理带来了很大的困难。因此，虽然本书对我国31个省份产业结构和城市化的协调度进行了测算，也对出现问题的原因进行了简要的分析，但是受数据和篇幅的限制，没有对造成省际差异的原因进行更为深入的分析。

（2）虽然本书在理论分析中提出了产业结构演进能够通过产业转移效应促进城市群发展的观点，但是在具体分析我国实际情况时，由于产业转移的数据在统计年鉴中没有明确的资料，而我国城市群包含的城市少则十几个多则几十个，这些城市的统计资料也存在着较大的差异，本书没有对产业转移和城市群的关系进行深入的分析。

（3）产业结构和城市化是两个较为复杂的系统，内容比较丰富，涉及的评价指标很多，有的指标在统计年鉴中没有明确的资料；已有的相关研究多是从不同的角度出发，缺乏统一、公认的评价标准。限于研究的主题和统计数据的可得性，有一些指标没能纳入本书的综合评价体系中。

以上的缺点和不足需要后续研究做进一步的改进。

9.3 进一步研究展望

我国产业结构与城市化的协调发展是一个具有重大理论和现实意义的问题，值得继续做进一步的研究。未来研究可以从以下几个方面拓展。

（1）可以变换角度来研究产业结构与城市化的协调发展。由于产业结构和城市化都是比较复杂的系统，因此可以选择不同的角度来开展研究。本书是从产业结构演进与城市化动态演变的视角来进行研究的，更多的是把二者的演进作为一个自然历史过程来看待。与产业结构演进不同，产业结构升级更强调人的目标、措施等在产业结构变动中的作用。未来研究可以从产业结构升级与城市化发展的角度来开展研究。

（2）加强对我国不同省市产业结构与城市化协调发展的比较研究。本书主要是从国家整体角度来研究产业结构与城市化协调发展的，虽然在第7章也根据2014年我国31个省市的统计数据进行了省际产业结构与城市化协调度的测算和分析，得出了我国分省市产业结构与城市化的协调发展度存在明显区域差异特征的结论，并对其原因进行了简要的分析。但是限于时间和篇幅，没有对造成这种情况的具体原因进行深入的计量分析，有待在未来研究中进行改进。

（3）加强对产业转移和城市群在促进产业结构与城市化协调发展中作用的研究。本书在理论分析中提出了产业结构演进所带来的产业转移能够促进城市群发展的观点。但是在具体分析我国的实际情况时，由于产业转移的数据较难获取，本书没有对产业转移与城市群的相互作用进行更为深入的分析，因此需要在未来的研究做进一步的探讨。

参考文献

[1] Alonso - Villar O. , Chamorro - Rivas J - M, Gonzalez - Cerdeira X. Agglomeration economies and industrial location: city - level evidence [J]. Economic Geography, 2004, 4: 565 -582.

[2] Avery M. G. World urbanization, destiny and reconceptualization [Z]. International Handbooks of Population, 2012, 49 -65.

[3] Bertinell L. , Stroble E. Urbanization Urban Concentration and Economic Development [J]. Urban Studies, 2007, 13: 2499 -2510.

[4] Bert F. Hoselitz, the City, the Factory, and Economic Growth [J]. American Economic Review, 1955, 5: 167 -167.

[5] Black, Duncan and Vernon Henderson. A Theory of Urban Growth [J]. Journal of Political Economy, 1999, 2: 252 -284.

[6] Bode E. , Nunnenkamp P, Waldkirch A. Spatial effects of foreign direct investment in US States [J]. Canadian Journal of Economics, 2012, 1: 16 -40.

[7] Carsten J. H. , Henrik Harder. Rethinking and rebuilding urban development [J]. Danish Journal of Geoinformatics and Land Management, 2011, 1: 1 -8.

[8] Canaleta C. , Arzoz P, Rapun M. Structural Change, Infrastructure and Convergence in the Regions of the European Union [J]. European Urban and Regional Studies, 2002, 2: 115 -135.

[9] Chenery, Elkington, Sims. A Uniform Analysis of development Pattern [J]. Harvard Uinversity Center for International Affairs. Economic Devolopment Report 148 (July). Cambridge, Mass, 1971.

[10] Chenery H. B. Structural Change and Development Policy [M]. Oxford

University Press, 1979.

[11] Chenery H. B. , M. Syrquin. The Patterns of Development: 1950 – 1970 [M] . London: Oxford University Press, 1975.

[12] Daniels P W, O' Connor K, Hutton T A The planning re – sponse to urban service sector growth: an intemational comparison [J] . Growth and Change, 1991: 3 –26.

[13] Davis J. C. , Henderson J. V. Evidence on the political economy of the urbanization process [J] . Journal of Urban Economics, 2003, 1: 98 –125.

[14] Duncan Black and J. Vernon Henderson, Urban Growth, Working Paper no. 6008 [R] . Cambridge, Mass. NBER, April 1997.

[15] Egger P. , Loretz S. , Paffermay R M, et al. Bilateral effective tax rates and foreign direct investment [J] . International Taxand Public Finance, 2009, 6 : 822 –849.

[16] Farhana K. M. , Rahman S. A. , Rahman M. Factors of migrationin urban Bangladesh: An empirical study of poor migrants in Rajshahi city [J] . Bandladesh eJournal of Sociology, 2012, 1: 63 –86.

[17] Frey W. H. Migration and Metropolitan Decline in Developed Countries: A Comparative Study [J] . Population and Development Review, 1988, 4: 595 –628.

[18] Fujita, Masahisa, Krugman, Paul. When is the Economy Monocentric: con Thnen and Chamberlin Unified [J] . Regional Science&Urban Economics, 1995, 25: 505 –528.

[19] Gerald A. Carlino, Satyajit Chatterjee, Robert M. Hunt. Urban density and the rate of invention [J] . Journal of Urban Economics, 2007, 61: 389 –419.

[20] Glaeser E. L. , Scheinkman, J. A. and Shleifer, A. Economic growth in a cross – section of cities [J] . Journal of Monetary Economics, 1995, 1: 117 –143.

[21] Glaeser E. L. , Kallal H. D. , Scheinlcman J. A. , Shleifer A. Growth in cities [J]. Journal of Political Economy, 1992, 6: 1126 –1152.

[22] Haque S. J. , Onodera S. , Shimizu Y. An overview of the effects of urbanization on the quantity and quality of groundwater in South Asian megacities [J]. Lim-

nology, 2013, 2: 135 – 145.

[23] Hazel Moir. Relationships between Urbanization Level and the Industrial Structure of the Labor Force [J]. Economic Development and Cultural Change, 1977, 25 (1) Issue 1.

[24] Henderson J. V, Becker R. Political economy of city sizes and formation [J]. Journal of Urban Economics, 2000, 48: 453 – 484.

[25] Henderson J. V. The effects of urban concentration on economic growth [R]. NBER Working Paper, 2000, No. 7503.

[26] Henderson J. V. Urbanization and economic development [J]. Annals of Economics and Finance, 2003, 2: 275 – 341.

[27] Henderson J. V, Wang. Urbanization and city growth: the role of institutions [J]. Regional Science Urban Economics, 2007, 37: 283 – 313.

[28] Hermelin B. The urbanization and suburbanization of the service economy: Producer services and specialization in Stockholm [J]. Geografiska Annaler, Series B: Human Geography, 2007, 89B: 59 – 74.

[29] Hoffmann. Growth of Industrial Economics [M]. London: Manchester University Press, 1958: 20 – 30.

[30] James C. Davis, J. Vernon Henderson. Evidenceon the political economy of the urbanization process [J]. Journal of Urban Economics, 2003, 53: 98 – 125.

[31] J. Fei, GRanis. Theory of Economic Development [J]. American Economic Review, 1961, 57: 65 – 70.

[32] Ju J., J. Lin, Y. Wang. Endowment Structures, Industrial Dynamics, and Economic Growth Research Working [J]. World Bank, 2009, 11: 1 – 45.

[33] J. R. Harris, M. P. Todaro. Migration, Unemployment and Development: A Two – Sector Analysis [J]. American Economic Review, 1970, 3: 126 – 142.

[34] John M. Quigley. Urban Diversity and Economic Growth [J]. The Journal of Economic Perspectives, 1998, 12: 127 – 138.

[35] Kolko J. Urbanization, agglomeration, and co – agglomeration of service industries [M]. Chicago, University of Chicago Press, 2010.

[36] S. Kuznets. Economic Growth of Nations: Total Output and Production Structure [M]. Cambridge University Press, 1971.

[37] Lewis W. A. Economic Development with Unlimited Supplies of Labor [J]. Manchester School of Economics and Social Studies, 1954, 22: 141 - 145.

[38] Lucas, Robert E., On the Mechanics of Economic Development [J]. Journal of Monetary Economics, 1988, 22 (1): 3 - 42.

[39] Luisito Bertinelli, Benteng Zou. Does Urbanization Foster Human Capital Accumulation [J]. The Journal of Developing Areas, 2008, 41: 171 - 182.

[40] Lydia Greunz. Industrial structure and innovation: evidence from Europe regions [J]. Journal of Evolutionary Economics, 2004, 14: 563 - 592.

[41] Markusen J. R., Venables A. J. Foreign direct investment as a catalyst for industrial development: The challenge to Japan [J]. European Economic Review, 1999, 43: 335 - 356.

[42] Maryann P. Feldman, David B. Audretsch. Innovation in cities: Science - based diversity, specialization and localized competition [J]. European Economic Review, 1999, 43: 409 - 429.

[43] Mcgee, T. C. The Urbanization Process in the Third World [M]. London: Bell, 1971.

[44] Messina. J. Institutions and service employment a panel study for OECD countries [Z]. European Central Bank Working Paper Series March 2004, No, 320.

[45] Mills, Edwin S. Studies in Indian urban development [M]. Washington, D. C. : Published for the World Bank by Oxford University Press, 1986.

[46] Michaels G., Rauch F., Redding S. J. Urbanization and structural transformation [J]. The Quarterly Journal of Economics, 2012, 127: 535 - 586.

[47] Moomaw R. L., Shatter A. M. Urbanization and economic development: A bias toward large cities [J]. Journal of Urbanization, 1996, 40 : 13 - 37.

[48] Moreno L. The urban process under financialised capitalism [J]. City: Analysis of Urban Trends, Culture, Theory, Policy, Action, 2014, 18: 244 - 268.

[49] Murata Y. Rural - urban interdependence and industrializa - tion [J].

Journal of Development Economics, 2002, 68: 1 -34.

[50] Nakamura R. Agglomeration economies in urban manufacturing industries: a case of Japanese cities [J] . Journal of Urban Economics, 1985, 17: 108 -124.

[51] Nefussi B. , Schwellnus C. Does FDI in manufacturing cause FDI in business services Evidence from French firm - level data [J] . Canadian Journal of Economics, 2010, 43: 180 -203.

[52] Ohlin, B. Interregional and International Trade [M] . Cambridge, MA: Harvard University Press, 1933.

[53] Northam, R. M. Urban Geography [M] . New York: John Wiley & Sons, 1975.

[54] Pan L. J. , Zhou Y. International factor mobility, environmental pollution and skilled - unskilled wage inequality in developing countries [J] . Economic Modelling, 2013, 33: 826 -831.

[55] Peneder M. Industrial Structure and Aggregate Growth [J] . Structural Change and Economic Dynamics, 2003, 14: 427 -448.

[56] Sergio J. Rey, Boris Dev. Sigma Convergence in the Presence of Spatial Effects [J] . Papers in Regional Science, 2006, 85: 217 -234.

[57] Seung - Hoon Yoo, Seung Jun Kwak, Joo Suk Lee. Using a choice experiment to measure the environmental costs of air pollution impacts in Seoul [J] . Journal of Environmental Management, 2008, 86: 308 -318.

[58] Seyoum B. An Empirical analysis of the impact of corporate transparency on foreign direct investment [J] . Multinational Business Review, 2009, 17: 29 -48.

[59] Sharpe, Andrew. The Productivity renaissance in the U. S. service sector [J] . International Productivity Monitor, 2000, 1: 6 -8.

[60] Shefer D. Localization economies in SMSAs: A production function analysis [J] . Journal of Regional Science, 1973, 13: 55 -64.

[61] Shriya Malhotra. Population health through inclusive urban planning: Healthier communities and sustainable urban development in Indian cities [J] . Sustainable Development Law & Policy, 2010. 11: 51 -60.

[62] Singclmann J. The Scctoral Transformation of the labor forcc in sevcn industrialized countrics, 1920 - 1970 [J]. The Amcrican Journal of Sociology, 1978, 83 (5): 1224 - 1234.

[63] Williamson, J. G. Migration selectivity, urbanization, and industrial revolutions [J]. PopulationAnd Development Review, 1988, 14: 287 - 314.

[64] Yasusada Murata. Rural - urban interdependence and industrialization [J]. Journal of Development Economics, 2002, 68: 1 - 34.

[65] Yoshima Araki, Katsuhiro Haraguchi, Yumiko Arap, Takusei Umenap. Socioeconom ic factors and dental caries in developing countries a cross - national study [J]. Soc. Sci Med, 1997, 44 (2): 269 - 272.

[66] 阿瑟·奥沙利文. 城市经济学（第6版）[M]. 北京：北京大学出版社，2008.

[67] 安虎森，陈明. 工业化、城市化进程与我国城市化推进的路径选择 [J]. 南开经济研究，2005，1：48 - 54.

[68] 曹宗平，吴思思，汪田姣. 广东省城市化与产业结构互动关系研究——基于协整分析和变参数状态空间模型 [J]. 华南师范大学学报（社会科学版），2015，1：124 - 131.

[69] 蔡孝箴. 城市经济学 [M]. 天津：南开大学出版社，1998.

[70] 陈可，顾乃华. 城市化与第三产业协调发展的辩证思考 [J]. 中共成都市委党校学报（哲学社会科学），2002，4：48 - 51.

[71] 陈可嘉，臧永生. 福建省产业结构演进对城市化的动态影响 [J]. 城市问题，2012，12：58 - 61.

[72] 陈立俊，王克强. 中国城市化发展与产业结构关系的实证分析 [J]. 中国人口·资源与环境，2010，3：17 - 20.

[73] 陈健. 生产性服务业与我国城市化发展研究 [J]. 统计与决策，2015，2：144 - 146.

[74] 陈立泰，刘艺. 中国产业结构变迁对城市化发展的影响——基于省级面板数据的实证研究 [J]. 经济问题探索，2013，8：61 - 66.

[75] 陈立泰，侯娟娟. 服务业集聚与城市化的互动关系：1997 ~ 2009

[J]．西北人口，2012，3：84－88.

［76］陈文新，梅海涛，倪超军．兵团城镇化与产业结构的协调发展度测度研究[J]．科技管理研究，2014，13：70－75.

［77］陈甬军，陈爱贞．城镇化与产业区域转移［J］．当代经济研究，2004，12：52－57.

［78］程进，於忠祥．安徽省高速公路建设与区域经济发展耦合协调度评价［J］．安徽农业大学学报，2014，2：234－240.

［79］程俐骢，吴光伟．我国城市化滞后于工业化的成因分析［J］．同济大学学报（社会科学版），2005，1：52－57.

［80］杜传忠，刘英基．基于系统耦合视角的中国工业化与城镇化协调发展研究［J］．江淮论坛，2013，1：33－39.

［81］E. 布拉德福德·伯恩斯．巴西史［M］．王龙晓译．北京：商务印书馆，2013.

［82］冯云廷．城市聚集经济［M］．大连：东北财经大学出版社，2001.

［83］干春晖，余典范．城市化与产业结构的战略性调整和升级［J］．上海财经大学学报，2003，4：3－10.

［84］葛立成．产业集聚与城市化的地域模式——以浙江省为例［J］．中国工业经济，2004，1：56－62.

［85］“工业化与城市化协调发展研究”课题组．工业化与城市化关系的经济学分析［J］．中国社会科学，2002，2：44－55.

［86］谷慧玲．工业集聚和城市化互动发展的国际经验及借鉴［J］．宏观经济管理，2012，7：86－87.

［87］国家发展和改革委员会产业发展研究所美国、巴西城镇化考察团．美国、巴西城市化和小城镇发展的经验及启示［J］．中国农村经济，2004，1：70－75.

［88］郭文杰．服务业增长、城市化与经济发展——改革开放后中国数据的经验研究［J］．当代经济科学，2006，5：91－97.

［89］郭志勇，顾乃华．制度变迁、土地财政与外延式城市扩张——一个解释我国城市化和产业结构虚高现象的新视角［J］．社会科学研究，2013，1：

8－14.

［90］哈肯．协同学：大自然构成的奥秘［M］．凌复华译．上海：上海译文出版社，1995.

［91］赫希曼．经济发展战略［M］．北京：经济科学出版社，1991.

［92］黄少军．服务业与经济增长［M］．北京：经济科学出版社，2000.

［93］霍绍周．系统论［M］．北京：科学技术文献出版社，1988.

［94］季斌．城市化水平与城市服务业发展的动态计量分析——以南京为例［J］．南京社会科学，2007，11：127－132.

［95］接栋正，陈超．基于系统论研究视角的区域城市化与产业结构协调发展研究——以福建省为例实证分析［J］．华侨大学学报（哲学社会科学版），2008，3：38－47.

［96］姜会明，王振华．吉林省工业化、城镇化与农业现代化关系实证分析［J］．地理科学，2012，5：591－595.

［97］江小涓，李辉．服务业与中国经济：相关性和加快增长的潜力［J］．经济研究，2004，1：4－15.

［98］金恩斌．中外城市化进程透视：以韩国城市化为典型案例［M］．延吉：延边大学出版社，2006.

［99］景普秋，张复明．工业化与城镇化互动发展的理论模型初探［J］．经济学动态，2004，8：63－66.

［100］K. J. 巴顿．城市经济学：理论与政策［M］．北京：商务印书馆，1984.

［101］K. 克拉克．经济进步的条件［M］．北京：北京经济学院出版社，1989.

［102］库兹涅茨著．现代经济增长［M］．戴睿译．北京：北京经济学院出版社，1989.

［103］蓝庆新，陈超凡．新型城镇化推动产业结构升级了吗？——基于中国省级面板数据的空间计量研究［J］．财经研究，2013，12：57－71.

［104］李春生，张连城．我国经济增长与产业结构的互动关系研究——基于VAR模型的实证分析［J］．工业技术经济（北大核心期刊），2015，6：28－35.

［105］李春生．我国产业结构的问题、成因及调整对策研究［J］．中外企业家，2014，8：1-3.

［106］李晶，庄连平，舒书静．城市化质量与产业结构协调发展度的测算［J］．统计与决策，2014，19：145-147.

［107］李丽萍，郭宝华．城市化形成及演进机制的比较［J］．改革，2006，3：61-66.

［108］李铁立，李诚固．区域产业结构演变的城市化响应及反馈机制［J］．城市问题，2003，5：50-55.

［109］李志翠，朱琳，张学东．产业结构升级对中国城市化进程的影响——基于1978~2010年数据的检验［J］．城市发展研究，2013，10：35-40.

［110］刘秉镰，王家庭．中国工业化与城市化的协调发展研究——以珠江三角洲为范例［J］．南开经济研究，2004，1：38-43.

［111］刘传江．论城市化的生成机制［J］．经济评论，1998，5：56-61.

［112］刘贵文，张怿蓝．基于主成分分析的城市创新能力评价［J］．科技管理研究，2009，10：115-117.

［113］刘勇．河南省城市化与产业结构演变互动研究［J］．人文地理，2011，3：71-75.

［114］刘永萍，王学渊．城市化与产业结构升级协调发展研究［J］．齐鲁学刊，2014，2：101-105.

［115］刘艳军．我国产业结构演变的城市化响应研究——基于东北地区的实证分析［D］．东北师范大学博士学位论文，2009.

［116］刘学功，樊明智．城市化与产业结构变动协调发展研究——许昌市城市化实证分析［J］．改革与战略，2011，6：139-141.

［117］龙爱华，徐中民，程国栋．河西走廊城市化与产业结构调整协调研究［J］．中国软科学，2002，7：98-101.

［118］陆远权，刘建锋，杨丹．城镇化与产业结构协调度测度研究——以三峡库区为个案分析［J］．重庆大学学报（社会科学版），2007，6：1-5.

［119］马方方，王少国．中国经济概论［M］．北京：首都经济贸易大学出版社，2009.

[120] 马鹏，李文秀，方文超．城市化、集聚效应与第三产业发展［J］．财经科学，2010，8：101－108.

[121] 马远，龚新蜀．城镇化、农业现代化与产业结构调整——基于VAR模型的计量分析［J］．开发研究，2010，5：88－91.

[122] 马子量，麻建学．民族地区产业结构变迁与城市化发展互动及响应研究——基于8个民族省区的PVAR模型分析［J］．西南民族大学学报（人文社会科学版），2016，1：167－172.

[123] 马歇尔．经济学原理（中译本）［M］．北京：商务印书馆，1997.

[124] 马姝婷，韩延玲．新疆城镇化发展与产业结构关系的实证分析［J］．新疆财经，2011，8：16－22.

[125] 牛婷，李斌，任保平．我国城市化与产业结构及其优化的互动关系研究［J］．统计与决策，2014，1：93－95.

[126] 欧阳峣，生延超．城市化水平与产业结构调整的内在互动机制［J］．广州大学学报（社会科学版），2006，5：47－51.

[127] 彭昱．城市化过程中的土地资本化与产业结构转型［J］．财经问题研究，2014，8：40－45.

[128] 彭冲，李春风，李玉双．产业结构变迁对经济波动的动态影响研究［J］．产业经济研究，2013，3：91－100.

[129] 钱纳里，鲁宾逊，塞尔奎因．工业化和经济增长的比较研究［M］．上海：上海三联书店，1989.

[130] 钱纳里，塞尔奎因．发展的型式（1950～1970）［M］．北京：经济科学出版社，1988.

[131] 冉建宇，张建升．中国城市化与服务业的协调发展研究［J］．经济与管理，2011，7：5－9.

[132] 塞尔索富尔塔多．巴西经济的形成［M］．徐亦行等译．北京：社会科学文献出版社，2002.

[133] 任元明，王小华．产业结构调整、城市化推进与城乡收入差距论析［J］．西南大学学报（社会科学版），2014，2：77－84.

[134] 芮明杰．产业经济学［M］．上海：上海财经大学出版社，2012.

［135］宋国宇，刘文宗．产业结构优化的经济学分析及测度指标体系研究［J］．科技和产业，2005，7：6－9.

［136］苏东水．产业经济学［M］．北京：高等教育出版社，2015.

［137］隋映辉．协调发展论［M］．青岛：青岛海洋大学出版社，1990.

［138］孙洪哲，刘琦．城市化与产业集聚互动机制研究［J］．中国青年政治学院学报，2011，2：136－142.

［139］孙立霞．城市化与产业结构协调发展研究——以青海省为例［J］．安徽农业科学，2015，2：593－595.

［140］孙晓华，柴玲玲．产业结构与城市化互动关系的实证检验［J］．大连理工大学学报（社会科学版），2012，2：22－27.

［141］汤铃，李建平，余乐安，覃东海．基于距离协调度模型的系统协调发展定量评价方法［J］．系统工程理论与实践，2010，4：594－602.

［142］谭崇台．发展经济学［M］．太原：山西经济出版社，2001.

［143］佟新华．吉林省人口城市化与产业结构的动态关系研究［J］．人口学刊，2015，4：48－54.

［144］汪斌，徐士锋．产业结构变动与城市化发展研究述评［J］．浙江社会科学，2006，1：197－201.

［145］王军生，张晓棠，宋元梁．城市化与产业结构协调发展水平研究——以陕西省为例的实证分析［J］．经济管理，2005，22：81－88.

［146］王可侠．产业结构调整、工业水平升级与城市化进程［J］．经济学家，2012，9：43－47.

［147］王为东，陈丽珍，陈健．生产性服务业集聚效应对我国城市化进程的影响研究——基于省级面板数据的实证分析［J］．生态经济，2013，9：114－115.

［148］王向．城市化进程与服务业发展的动态互动关系研究——来自上海的经验（1949～2010）［J］．上海经济研究，2013，3：125－134.

［149］王晓红，胡艳君．城市化与现代服务业发展关系的实证研究［J］．生态经济，2015，6：98－102.

［150］王章辉．欧美农村劳动力的转移与城市化［M］．北京：社会科学文

献出版社，1999.

［151］王智勇．产业结构、城市化与地区经济增长——基于地市级单元的研究［J］．产业经济研究，2013，5：23－34.

［152］魏宏森，曾国屏．系统论：系统科学哲学［M］．北京：清华大学出版社，1995.

［153］魏娟，李敏．产业结构演变促进城市化进程的实证分析——以江苏为例［J］．中国科技论坛，2009，11：83－87.

［154］威廉·配第．政治算术［M］．北京：商务印书馆，1978.

［155］吴红英．巴西现代化进程透视［M］．北京：时事出版社，2001.

［156］西蒙·库兹涅茨．各国经济增长——总产值结构和生产结构［M］．北京：商务印书馆，1999.

［157］谢金箫．城市化与产业结构演变的理论研究［J］．学习与探索，2014，5：100－103.

［158］谢文蕙，邓卫．城市经济学（第二版）［M］．北京：清华大学出版社，2008.

［159］新玉言．国外城镇化·比较研究与经验启示［M］．北京：国家行政学院出版社，2013.

［160］徐慧敏，朱道才．安徽省城市化与产业结构演变偏差的耦合协调分析［J］．池州学院学报，2015，2：50－53.

［161］杨立勋，姜增明．产业结构与城镇化匹配协调及其效率分析［J］．经济问题探索，2013，10：34－39.

［162］杨艳琳，张恒．全球视角下服务业与城市化互动关系研究——基于22个国家1960～2013年面板数据的实证分析［J］．中国人口·资源与环境，2015，11：95－104.

［163］易丹辉．时间序列分析——方法与应用［M］．北京：中国人民大学出版社，2011.

［164］易善策．产业结构演进与城镇化互动发展研究［D］．武汉大学博士学位论文，2011.

［165］俞国琴．城市现代服务业的发展［J］．上海经济研究，2004，12：

58 – 63.

［166］曾芬钰．城市化与产业结构优化［J］．当代经济研究，2002，9：19 – 22.

［167］曾鹏，吴功亮．FDI 影响中国城市群城市化进程的机理探讨：产业结构变迁视角［J］．重庆大学学报（社会科学版），2016，1：7 – 21.

［168］曾淑婉，赵晶晶．城市化对服务业发展的影响机理及其实证研究——基于中国省际数据的动态面板分析［J］．中央财经大学学报，2012，6：60 – 66.

［169］张连城．中国经济增长路径与经济周期研究［M］．北京：中国经济出版社，2012.

［170］张平，王树华．产业结构理论与政策［M］．武汉：武汉大学出版社，2009.

［171］张卫国，黄晓兰，郑月龙，汪小钗．包容性城镇化与产业结构的协调发展评价［J］．经济与管理研究，2016，2：28 – 34.

［172］张自然．城市化水平与产业结构演化的国际比较［J］．北京工商大学学报（社会科学版），2015，2：18 – 27.

［173］中国经济增长前沿课题组．城市化、财政扩张与经济增长［J］．经济研究，2011，11：4 – 20.

［174］钟水映，李晶，刘孟芳．产业结构与城市化：美国的“去工业化”和“再城市化”现象及其启示［J］．人口与经济，2003，2：8 – 13.

［175］周建华，何芹．论我国城市化与产业结构的协调发展［J］．温州大学学报（社会科学版），2003，4：43 – 48.

［176］周明生．产业结构合理化的经济增长效应分析［J］．学习与探索，2013，10：111 – 115.

［177］朱江丽．产业结构对城市化的影响研究——基于中印两国数据的比较分析［J］．南京人口管理干部学院学报，2013，4：22 – 27.

［178］国务院关于深入推进新型城镇化建设的若干意见［EB/OL］．政府信息公开专栏，http：//www.gov.cn/zhengce/content/2016 – 02/06/content_5039947.htm.

［179］中国统计年鉴［EB/OL］．国家统计局网站，http：//www.stats.gov.

cn/tjsj/ndsj/.

［180］产业结构和城市化发展指标的数据（1960—2014）［EB/OL］. 世界银行数据库，http：//data. worldbank. org. cn/indicator.

［181］2014 年全国农民工监测调查报告［EB/OL］. 国家统计局网站，http：//www. stats. gov. cn/tjsj/zxfb/201504/t20150429_797821. html.

［182］国家新型城镇化规划（2014—2020 年）［EB/OL］. 中华人民共和国中央人民政府网，http：//www. gov. cn/zhengce/2014 -03/16/content_2640075. htm.